これからの社会の子育て論

笑顔のママに

佐《さ》藤《とう》剛《ごう》史《し》

梓書院

はじめに

私は、2016年から、ママ向けの起業塾を主宰してきました。

受講生の中には、ピアノ教室の生徒が3倍に増え、夫を上回るくらいの収入を得たり。

保育園のバザーで販売する程度だった服飾作家さんが人気インスタグラマーになり、作った作品は即完売、予約待ち状態になったり。

本を出版したり。

カフェをオープンしたり。

使われていなかった実家をコミュニティスペースにして、それが大々的に取り上げられたり。

数千万、数億円を売り上げるような起業ママを輩出したわけではありません。

しかし、大半のママたちが、自分の夢、やりたいことを実現したり、それで得たお金で、自分の欲しい物を得たり、したいことができたりするようになったのではないかと思っています。

ママ向けの起業塾では、発想法や時間管理術、マーケティング、情報発信、ブランディング、様々なビジネススキルをレクチャーしたり、適宜、アドバイスしたりしますが、一番多いのがマインドセット（考え方、心持ち）の問題。次に多いのが、子育てや家庭問題についての相談。

場合によっては、大半の時間を、その相談や、問題解決のために費やしたりします。でも、それで多くのママが幸せになり、自分の夢、やりたいことを実現していきます。逆に言えば、様々なビジネススキルを習得したとしても、マインドセットや子育て、家庭問題が解決されなければ、ママは幸せになれないのかもしれません。

さて、私はこれまで「食育」に関する研究、講演、執筆活動を行ってきました。その目的は一人でも多くの子ども達が「生まれてきてよかった」「パパとママの子どもでよかった」と思えるようにすることです。現在は、お腹はいっぱいだけど、心の空腹感を感じている子どもが多いのです。

その問題のシンプルな解決方法は、愛情を込めたご飯を作ること、子どもに食べさせること。詳しくは、前著『地頭のいい子を育てる食卓の力：6歳までに身につけたい30の習慣』（現代書林）等をご一読ください。

その根本は、「ママが笑顔であること」です。ママが笑顔でなければ、子どもは絶対に幸せになれません。

私の得意分野の「お弁当」で例えましょう。毎日、バランスも彩りもよく、おかずが違うお弁当を作ったとします。しかし、「はぁ、毎日、違うお弁当のおかず考えるのタイヘン」と思い、笑顔なく、ため息をつき、イライラしながら作っていたら、子どもはそれを食べても幸せになれないでしょう。

逆に、おにぎりとたくあんだけでも「あなたが美味しいって食べてくれるの、うれし～」って作っていたら子どもは幸せでしょう。

極端な話、「ママの笑顔がなくなる」「ママのストレスが増える」と、「子どもが病気になった」「子どものアレルギーが出た」というような話は本当によく聞きます。

子どもが幸せであるために、ママが幸せであってほしいとは思うのだけれど、多くのママたちの相談に乗っていて、つくづく思うのが、ママは大変、ということ。

自ら、理想のママ像を思い描いて、それに向かって努力している人は多いです。しかし、なかなかうまくいかなくて、落ち込んだりしているママも多いです。

「では理想のママとは、どんなママですか？」と尋ねると、ほぼ100％のママがうまく答えることができません。

理想のママ像がよくわかっていないのに、うまくいかなくて、落ち込んだりしているのです。

ということで、私が具体化して提案しました。


『理想のママ像』

朝は寝坊することなく、さっと布団から起きあがり、朝食には、土鍋で炊いたご飯と、出汁をしっかりとった野菜たっぷりの味噌汁を出し、子どもの話を最後までよく聞いて、誤解することもなく、先走ることもなく、子どもの心を思いやり、ちょっとしたことで怒らず、やさしいときにはやさしく、基本は褒めて子育てし、叱るときにはちゃんとしっかり叱り、叱るときにはひどい言葉を使わず、叩くことはなく、子どもの欲しいものを何でも買ってやれるくらいお金を持ち、しかし、欲しがるものを何でも買い与えず、いつも、服も、髪も、きちんとしていて、仕事が終わればすぐに家に帰り、スーパーのお惣菜に頼ることなく、夕食の食卓には、ご飯、汁物、主菜と副菜2品以上が並び、いつも部屋は掃除が行き届いていて、洗濯物はちゃんとたたんでタンスにしまい、衣替えをちゃんとやり、週に1度は布団を干してシーツを替え、ソファーに寝転んでうたた寝することもなく、メイクを落とさず寝落ちすることもなく、空いている時間で子どもと熱心に遊び、子どものことでイライラすることもなく、ママ友に夫の悪口を言うこともなく、夫にママ友の愚痴を言うこともなく、子どもに家事をおしつけることもなく、しかし、家事のやり方はきちんと教え、夫に感謝の気持ちを伝え、無駄遣いをせず、ちゃんと貯蓄をし、お金を使うときは自分のものより子どもや夫のものを優先し、自分だけこっそり高級チョコレートを食べたりすることはなく、子どもがいるときは決してスマホを扱わず、SNSに「幸せいっぱい」をアピールすることもなく、お酒を飲んでも酔っぱらわず、泥酔するなんてもってのほか、しかし、ママ友が酔っ払ってしまっても眉をしかめたりせず、いつも子どもの勉強を見守り、いつも宿題の丸つけをし、教えていてすぐにカッとなることはなく、やさしくて、かわいくて、歌声がきれいで、ピアノが弾けて太りすぎないようにダイエットにいつも関心を持っている、というよりかむしろ、ダイエットしなくても美しい体型を保っている。

こんなママ、いないです（笑）。

そう一蹴すれば簡単なのですが、子育てに悩んだり、苦しんでいるママの根源がここにある気がします。

実際、「またガミガミ怒ってしまった……」と自己嫌悪をしたり「なぜ、ウチの子は普通の子と同じようにできないんだろう……」と子育てに悩んだり、苦しんでいて「自分に責任があるんじゃないか」と自分を責めたりしています。

その根源が「理想のママ像」を心の中に思い描いているからかもしれません。

こうやって具体的に提示されると「そんなママ、いない」って笑い飛ばせるのに、抽象的な理想を思い描いてしまっていて、それができないから、自己嫌悪し、苦しくなるのです。

「理想」とは「完璧」ではありません。

「完璧」は100%完全。

では、「あなたは100%完全ですか？」

そして、もし、100%完全なら、もう1%の「伸びしろ」もない、一切、成長できないということです。

そんなママ、そんな人間、そんな人生、つまんないです。


完璧が理想なら、その理想は幻想です。


私達は不完全で、だからこそ仲間や家族や社会が必要です。人に出会い、人に磨かれて成長していきます。

だから大切なのは、「完璧」を追い求めるのではなく、「成長」を追い求めること。

理想とは「完璧」ではなく、「成長」だと思うのです。だから「理想のママ」とは「完璧なママ」ではなく、「成長するママ」「成長できるママ」。

1年前の自分を超える。1ヶ月前の自分を超える。昨日の自分をちょっと超える。

その努力をする。

子どもが成長していくように、ママだって成長すればいい。

それが理想です。


さぁ、そんなママたちが、少しでも心が楽になるよう、幸せになれるよう、私が学んできたこと、私の考えを紹介します。

その際、子どもが関心を持つような、子どもでも理解できるような事例やエピソードも紹介します。

一緒に考えて、親子で成長すればいい。

それが理想です。

目次

第2部 これからの子どもの未来を考える20のヒント 67

第1部

悩めるママを救う18の言葉

悩めるママを救う言葉

この章では、実際に私が相談されたママたちのいろんな悩みや疑問について、私なりの考えをお答えしたいと思います。

ただし、こうすれば正解、こうすれば子育てがうまくいく、子育てに成功するということではありません。

というのは、35年のベテラン教員の「子育てに失敗なし」という記事が、以前、ネットで話題になりました。

正直、私は違和感を覚えました。

私は、「子育てに失敗はある」と思っていて、例えば、「毒親」の子育て。

ネグレクト、アビューズ、DV、過干渉、等々。私の知り合いや相談者の中にも、毒親に育てられ、未だに苦しんでいる30代、40代ママはたくさんいます。そんな毒親の子育てが「失敗じゃない」なんて口が裂けても言えません。

逆に、「子育てに成功はない」と思っています。例えば、ある家庭は、長男は慶応大学卒で有名メンタリスト。四男は、東大卒で有名謎解きクリエイター。次男も三男も、一流大学卒で社会的に成功しています。実際に『松丸家の育て方』という本も出版されています。

そういう意味では、この家庭の子育ては本当に大成功のように見えます。同じように、「子ども全員東大入学」みたいなママが、よくメディアで取り上げられています。

しかし、長男のメンタリストの「生活保護より猫のほうに税金を使ってほしい」という趣旨の発言が大問題となりました。その発言の全文を読むと、相当に危険な考え方、思想です。

つまり学歴、キャリア的には成功したかもしれないけれど、人間性とか思想とかの教育については問題があったのかもしれません。

少なくとも、自分の子どもが、大人になり、社会に出てそういうことを公言していたら、親は「自分の育て方が悪かった……」って絶対に思うはずです。だけど、このメンタリストだって普通の一人の人間です。当然、欠点はあります。

完璧な人間などいないのだから、完璧な子育てなどできません。

そうなのです。

「子育てに失敗はない」のではなくて、「子育てに成功はない」のです。

そう考えたほうがママは笑顔になれると思います。


子育てに成功はないのだけれど、その子のことを思って最大限の愛情をそそぐことが基本。右往左往しながら、試行錯誤しながら、その選択が、間違っていたり、失敗しても仕方ないです。

みんな間違いはあるし、失敗しています。それを分かったうえで、それでもいろんなことに挑戦したり、努力したりする、そんな姿を子どもに見せたほうがいいと思います。

そんな考えを基本にしながら、この章では、今、ママが抱えている悩み「○○しなければならない」「失敗させたくない」「人の目が気になる」「自信がない」「不登校」「進学・学歴」「遊び」「ゲーム問題」等々について、具体的に考えていきます。

01 ストレスは感じて当然

ママにはいろんな立場があります。「子どもの母親」「夫の妻」「親の子ども」「夫の家庭のヨメ」。

ママは「理想の母親」「よりよい妻」「よりよいヨメ」であるために頑張っています。言い方を変えれば、子どものマネジメント、夫のマネジメント、自分のマネジメント、親や親戚との関係のマネジメント、職場でのマネジメント（上司、同僚、部下、顧客等との関係）、地域関係のマネジメント等々、いろんなマネジメントをしています。

ママは大変です。というと、「男性にだっていろんな立場がある」と言う方もいます。「子どもの父親」「妻の夫」「親の子ども」。

だけど大事なのは、どれだけの男性が「理想の父親像」を思い描いているか、「よりよい夫」であるために努力しているかということです。おそらく、ほとんど思い描いていないし、努力していないでしょう。おそらく、男性は自分のことで精一杯。

だから、ママは大変。いろんな立場で、経験したこともない、予期せぬ問題が次々おそいかかります。その問題を完璧にクリアーできないと自己嫌悪に陥ります。

ちなみに、2020年に警察が検挙した児童虐待は2133件、過去最多です。死亡した子どもは61人でした。加害者の半数以上が実母です。

こういうデータを紹介すると、それは「鬼畜のような特別なケース」と思ってしまいます。しかし、子育てを経験した多くのママは「私もそうなっていたかもしれない……」と言います。

厚生労働省の2014年の発表によると、東京都のある区の調査では初産婦の25%が「うつの可能性がある」。モバイルマーケティングデータ研究所の調査(2010年)では、ママの約半数が「育児ノイローゼだと感じたことがある」。

まず、事実として理解しましょう。ストレスを抱えているのはあなただけではありません。子どもに手をあげそうになったり、泣き叫びたくなったりするのはあなただけではありません。

ストレスを感じることに、劣等感や罪悪感を感じることはありません。

みんな同じようにストレスを感じ悩んでいるのです。

02 ママはみんな困ってる

ネットアンケートで、「ママの困った」を募集したら、一瞬で100以上、集まりました。抜粋して、ご紹介します。

・つわり時に休みたくても代わりがおらず仕事を休めない、または、それでも休んだときの職場の冷たい空気。困った。
・新生児を育ててるときの買い物。困った。
・腰痛酷いのに、子どもが出先で寝てしまったら、抱っこしないといけない。困った。
・私がインフルエンザになり、隔離したいのに、くっついてくる。困った。
・台風で保育園休み。でも仕事は休みじゃない。困った。
・完母だったので、チョット病院！ チョット美容室が預けにくい。困った。
・それでも何とか預けて行くと、今度は胸が張って張ってとんでもないことに。困った。

・新幹線や電車に乗る際、ベビーカー（二人乗り）だと大変。困った。
・未就園児のとき、市の一時預りに預けたいけどそれも定員いっぱいで受け入れてもらえない。預けたい日に預けられない。困った。
・朝、時間がなく、待ち合わせの時間までもう数分なのに、些細なことで機嫌を損ねてパニック。困った。
・今夜の夕飯に必要なものを買いたいのに、子どもが車で眠ってしまってスーパー行けず困った。
・洋服に鼻水、涙、ヨダレが付きまくる。困った。
・洋服にシールを貼られていることに気がつかず外出。困った。
・授乳中、宅配が届き、おっぱい出したまま対応していたことに、後から気付く。困った。
・夫は仕事の飲みとか言って週に何回でも行くのに、ママが飲みに出るのは遠慮がち。私も仕事の話、飲みながらしたいんですけど!? 残業と飲みで毎日帰りが遅いと、行けないいんですけど！ 困った。
・保育園と小学校の参観日や親子遠足がかぶる。困った。

・帰省の度にくぬぎ林に通わされる、昼夜問わず……。困った。
・次男のつかまえてきた虫たちのうち、コオロギが……奴は一匹だけなのにどえらい羽音。音色というよりむしろ騒音。困った。
・学校への持参物をその日の朝に言ってくる……早く言わんかい！困った。
・子どものけんかにどこまで親が関わるか。困った。
・子どものイジメにどこまで介入すべきか。困った。
・子ども同士で解決すればいいと思っている問題に相手の親が首を突っ込んでくる。困った。
・習い事の日なのに連絡先を知らないお子さんと遊ぶ約束をしてきてて……困った。
・長男が「僕のこと彼氏っていう女の子がいる」と言ってきた。困った。
・親子ゲンカで負ける。困った。
・いずれ言われるだろう、クソババアに対するウィットに飛んだ返しが思いつかない。困った。
・トイレのウォシュレット。便座は温かくあってほしいがボタンを好き勝手押す子どもがいると切らざるを得ない。困った。

・子どもには自立してほしいはずなのに、何でもできるようになると寂しい。困った。
・じじばばに安心して病気の子ども預けられない。受診も行ってもらえない。困った。
・親が病気しだした。困った。
・親と過ごす時間がない。困った。
・「宿題」がわからない。困った。
・PTA委員のLINEグループが激しい。PTA委員でイジメにあう。困った。
・ママ友や近所のおばちゃんとの雑談、何を話していいかわからない。話したいけど、会話が止まる。困った。
・長男だから同居して当たり前だろーで困った。
・女性なんだから……母親なんだから……シングルなんだから……という男尊女卑満々の固定概念。それを自分の都合のいい解釈&タイミングで出してくる男性の存在。困った。
・塾代や大学や教育費が高すぎ。困った。
・大人向き映画がなかなか家でみれない。困った。
・ヒールを履けない。困った。

・子どもの足が、超絶クサいっ!! 困った。

・子ども二人の食の好みが違いすぎる。困った。

・鍋いっぱい作ったカレーが、1日で売り切れて困った。

・正月を実家と義実家どちらで過ごすか論に毎年困ってる。

・アレルギーがある子が遊びに来たときに、出せるおやつがちょうどなかった。困った。

・日本も一夫多妻制にならないかなー。困った。

ママからすれば、「わかる〜」という困ったが多いでしょうし、「私だけじゃないんだ〜」ということも多いでしょう。大丈夫。困っているのはあなただけではありません。みんなも困っていますし、完璧にクリアーする必要もありません。

その問題から目をつむっても、逃げてもいいです。いつでも。「どこに逃げたらいいのよ!」と思うかもしれませんが、先輩ママ、ママ友、SNS、等々。

なにより、「みんなも困ってる」「いつ逃げてもいい」というマインドが大切です。

それに、意味があります。

03 しなければならないなんて観念

ママには、朝から晩まで「～しなければならない」「～すべきだ」が待ち受けています。「朝、早起きしなければならない」「洗濯は朝、しておかなければならない」「毎日、部屋に掃除機をかけなければならない」「お弁当のおかずは毎日変えなければならない」「化学調味料は使うべきじゃない」「洗濯物は取り込んで畳んでタンスに収納しなければならない」「子どもの宿題を見なければならない」「子どもの忘れ物がないようにチェックしなければならない」「毎日、子どもに外遊びをさせなければならない」「子どもをおいて、自分のために時間を使うべきじゃない（美容院に行かない、等）」、等々。

もっともっとあります。それは疲れるし、ストレスが溜まるし、うまくできなければ、落ち込んだり自己嫌悪したりするでしょう。

でも、洗濯は、夜にしてもいいし、コインランドリーに持っていってもいい。

お弁当のおかずが毎日同じでも、栄養が偏って、体調不良をきたすというような可能性は低いです。

子どもが忘れ物をしたとしても、子どもが先生に叱られたり、不便を感じるだけの話。友だちに借りたり、工夫すればいい。

私のママ友には、9人の子どものママ、6人の子どものママがいます。それだけ、子どもが多くなると、基準は「それ、しなかったら死ぬ?」になるといいます。「毎日、部屋の掃除機をかけなくても死なないなら、しなくてもいい」となるそうです。それだけ子どもが多ければ、子ども全員の宿題や忘れ物チェックなんかできないです。

子どもが3人以上になると、「諦めることができる」と言います。だって、「ママ、抱っこ〜」と言ってきても手は2本しかないから。

加えて、子どもが増えるほど、上の子が大きくなるほど、家事や子育てが楽になるといいます。ママの手が足りないので、子どもたちが自分たちで家事や子育てをやりだすのだそうです。いずれにせよ、「〜しなければならない」「〜すべきだ」と思っているのは自分なのであって、そんな観念をすてればいいです。

「できたらステキだけど、できなくてもいい」くらいでいいです。

もし、したいのなら「できていないけど、できるようになるように、努力している。成長している。そんな私、ステキ」がいいです。

04 子どものためにと思わない

あるママからの相談。

「子どものために、お弁当作ったり、部活に遅れないように送迎したり、私も仕事があるのにアレやコレやしていて。その子どもはソファーでのんびり。つい、『誰のためにやってると思ってんの！』って怒ったら、自己肯定感の低い息子は『俺なんかいなくなりたい……』と。どうすればいいんでしょう……」

まず、子育ての目標について。

子育ての最終的な目標は「子どもの自立」です。

「自立とはなんですか？」と問われると、また、深い話になりますが、それは後述します。簡単に言えば「親がいなくてもちゃんと生きていけるようになること」でしょう。

子どもを自立させるためには、まず、親が自立していないといけません。

親が、自分の自己肯定感が低く、自分の存在意義を見いだせていないと「この子を育てること」が存在意義となります。その子がいなくなると、自分の存在意義が無くなるので、無意識のうちに何でもやってあげて、子どもが親に依存している状態を維持しようとします。そして、実は自分が子どもに依存しています。

これが共依存という状態です。

私のママ友（の一部）には「自分の人生の主役は自分！」「ママが笑顔でなければ、子どもは笑顔になれない！」考えで、それを地でやっている人がいますが、ソレ、正解です。

「誰のためにやってると思ってんの！」は、子どものためにやっているように見えて、実は子どものためではありません。本当に子どものためにやっているのであれば「誰のためにやってると思ってるの！」にはなりません。

本当はやりたくないのに「子どものためにやるべき」「子どものためにやらなければならない」という義務感や責任感でやっているから、ストレスを感じたり、キレたりしてしまいます。

そして、その根底には、「他人の目を気にしている」というケースが多いです。

具体的には、「夫が怒るから……」とか「義理のお母さんにどう思われるか……」「学校の先生にどう思われるか……」「ママ友にどう思われるか……」とか。

それは、子どものためではなく、自己保身のためかもしれません。

「誰のためにやってると思ってんの！」は、たぶん、子どものためにはなっていません。

「誰のためにやってると思ってんの！」って思ったら、言いたくなったら、「その誰って誰？」と見つめなおしてはいかがでしょう。

05 ヘルプでなくサポートする

あるママの悩みを聞いていくと、そのママは子どもに失敗させないように全部、先回りしてやってあげていました。

それでは、子どもは自立できません。自己肯定感も育まれません。

ヘルプとサポートは違います。

ヘルプは「助けること」の意で、できないことを代わりにやります。できない前提です。

サポートは「支えること」の意で、できることを見守り、必要なときに手助けをします。できることが前提です。

ヘルプの中で育った子どもは、さまざまな体験を親に先取りされます。体験に基づく学びが少なく、問題解決の経験が乏しくなります。できない子どもを、ずっとヘルプしていればずっとできるようになりません。

参考までに「親がしがちなヘルプ」。

①子どもに一から十まで指示する。
②子どもに無条件で何でも与える。
③子どもがどう感じるか、どう思うかを教える。
④親が求めるようになるように期待しすぎる。
⑤子どもの問題をすべて親が解決する。

こんなことでは、永遠に自立なんかできません。自己肯定感も育ちません。自発的なやる気、行動を尊重し、やらせてみて、失敗させて、失敗してもその挑戦や行動を承認し、諦めない心を応援し、いつかそれが成功に繋がり、それが自己肯定感になります。

親が失敗しないように準備したステージで、何かを演じても自己肯定感なんか高まるわけがありません。親の言うとおりの考え方になり、親の期待どおりに行動して、お勉強ができても、その子は親の限界を超えられないです。

そんな子を育てたいですか、ということ。自分で考え、行動し、挑戦し、失敗しても成長し、いつか親を軽々と超えていく。そのためのサポートが必要なだけです。

06 親はなくても子は育つ

よく「ゴーシ先生は、どんなふうに育てられましたか？」と聞かれます。

愛情はたっぷりかけられ、美味しいご飯を手間ひまかけて作ってくれました。おかげで、自己肯定感と基礎学力は身につけることができました。

だけど、ごく普通の常識や価値観にとらわれた育てられ方でした。振り返れば、真面目で成績は良かったと思いますが、マザコンで、自己中心的で思いやりがなく、常識的で、つまんない男だったと思います。

今のような考え方、生き方ができだしたのは、20歳で親父を亡くし、いろんな意味で自立し、本をたくさん読んで、いろんな人に出会って、いろんな話を聞いて、いろんなことやって、いろんな失敗して、学びまくって、そのおかげだと思っています。

もし、今、私の母親が「私の育て方がよかった」とか言っていたら「アホか」と言います。

親の愛情や基礎学力は、人生の土台となるけれど、その上に何を建てるかは自分次第です。

「子どもをよりよく育てたい」はわかります。でも、よりよく育ったら「それは私のおかげ」はおかしいし、親はなくても子は育つし、親がいないほうが子どもが育つケースもあります。

ママたちとお話ししていると、「子どもの一生に親が責任を感じすぎ」のような気がします。子どもの人生に対してママが責任感を感じすぎる必要はないです。

なんてことを言うと「自分がいないと子どもたちが……その不安はないんですか?」とも聞かれます。

でも、だって、今日だって、交通事故に巻き込まれる可能性はあるし、生きて帰ってくる保証はありません。

実際、私の父は、病気が原因で、47歳の若さで亡くなりました。それでも、私は、元気にこうやって人生を謳歌しているし、幸せに生きています。

子どもの成長を見届けることができずに亡くなったママもたくさんいます。

シングル家庭、施設で育った子どももたくさんいます。

だけど、みんなそれぞれ自分の人生を、自分の責任で生きています。

だから私も、「もう会えないかもしれない」と思って、心を込めて「いってらっしゃい」と見送るだけ。ご飯を作るだけ。

責任感を感じすぎず、ニコニコして、愛情たっぷりのご飯を作る。

そこから先は、子どもの自分自身の人生。

親がすることは、それだけでいいと思います。

07 行動できないなら、何かする

起業したいというあるママの相談にのりました。「まず、ブログを書く」ように勧めると「無理です」と言います。理由は、「周りのママ友から、なんと思われるかわからない。なんと言われるかわからない」。

それで結局、全く、行動できていません。

子どもたちには、行動してほしいと願っているのに、ママができていないのです。むしろ、子どもよりもママのほうが、観念や常識やしがらみにとらわれていて、行動できていないかもしれません。

なぜ行動できないのか？

行動できない人の相談にのっていると、いくつかの共通点が見えてきます。

その共通点の三大要素は、①失敗が怖い、②人からなんと思われるかが気になる、③自信がない、です。

行動できないことに対する、処方箋は、「とりあえず、何か、すぐにやる」でしょう。

Qzooが2015年に行った調査では、「思い立ったらすぐに行動する?」という質問に対して「できない」が60%を超えました。

行動心理学に「72時間の法則」というものがあり、それは「人間は決断をしてから72時間以内に行動に移さないと結局やらないままになってしまう」というものです。つまり、何でもいいからすぐにやらなければ、結局やらないままになってしまうということです。

また、すぐにやらないとストレスにもなります。

人は、達成できた事柄よりも、やっていない事柄のほうをよく覚えているそうです。これを「ツァイガルニク効果」と言います。

また、「エメットの法則」は、タスクを行なうことへの不安は、タスクの実行そのものより、多くの時間とエネルギーを消耗するというものです。

簡単に言えば、やっていないことは、ずっと心のなかにあって、「あ〜、やらなければ……」と思い、ストレスになるのです。

やりたいことがあれば、何か思いついたら「とりあえず、何か、すぐにやる」です。

例えば、私の場合、「パソコンにメモする」「ネットで調べる」「誰かに話す」です。

これなら、すぐできます。そうすると脳が活性化し、楽しくなって、さらに行動が加速化、継続化します。これを「作業興奮」と言います。

それを子どもと一緒にやる。その力を身につける。

そうすれば親子の人生が変わります。

08 失敗に価値がある

「失敗が怖い」という人は多いです。親でも子でもです。

誰だって失敗はしたくないです。失敗するより成功したいし、負けるより勝ちたい。

だけど、失敗や負けにも、意味や価値があります。

例えば、スポーツでも格闘技でも囲碁・将棋でも、試合には「勝ち」「負け」があるから面白いわけです。オリンピックに金メダルがなければ、ワールドカップに優勝がなければ、誰も見向きもしないでしょう。

しかし、私たちは勝ちだけが見たいわけではありません。負けた選手やチームが、その戦いぶりやプレーで、観客に感動を与え、称賛されることも多々あります。

また、勝ち続けることができる人もいません。

「勝ち」は目標であり、「勝ち」「負け」は単なる結果です。

失敗や負けにも、価値や意味があります。

私の友人の、ボクシング元ＷＢＡ世界スーパーフライ級王者の清水智信さんは、「負けたことのほうから多くを学んだ」と言っています。同じように「あの負けがあったからこそ」と語っているアスリートはたくさんいます。

そもそも「負けるのが嫌だから」と、みんなが棄権してしまえば、その試合や大会自体が成立しなくなるでしょう。だから、世界の一流の選手たちは、試合をしてくれる相手への敬意や感謝の気持ちを必ず持っています。

試合をしてくれる相手がいなければ、切磋琢磨してくれる相手がいなければ、試合さえできないし、自らが努力する意味、その競技さえ失われます。そうした選手たちは、自分の存在意義が、他者によって保証されていることをよくわかっているのでしょう。

科学の世界では、偶然や、むしろ失敗が、世紀の大発見につながるケースもあります。

２００２年にノーベル化学賞を受賞した田中耕一さんの場合。間違った試料を混ぜてしまったが、捨てるのはもったいないと思ってテストしたら、目的のタンパク質の質量解析ができていました。

２０００年にノーベル化学賞を受賞した白川英樹さんの場合。韓国人留学生が指示を間違えて１０００倍の濃度で実験。「失敗した」と持って来た生成物の価値を見抜いて、実験を続け、「高伝導性プラスチック」への発見へとつながりました。

失敗にも負けにも意味があります。価値があります。
だから失敗を恐れすぎなくていい。
失敗を恐れすぎると、行動できなくなります。
ママもそう。
そしてこの話を、子どもにしてあげましょう。

09 成功よりも成長

それでもやっぱり、成功したいし、勝ちたいという気持ちもわかります。私だってそうです。

問いたいのは、「必ず成功するとわかっているようなこと、必ず勝つとわかっているような試合をやることが楽しいですか?」「人生で、それをやり続けたいですか?」ということ。

子どもたちの好きなゲームで例えるとわかりやすいでしょう。

はじめてすぐにレベルＭＡＸ、最強の武器を装備し、呪文も全て使え、ラスボスも瞬殺できるようなロールプレイング・ゲームは面白くないでしょう。

コツコツとスライムを倒し、レベルを上げ、ゴールドをためてだんだんと強い武器を購入できるようになり、仲間を集め、これまで倒せなかった敵を倒せるようになっていくから楽しいのです。

ゲームには「成長性」や「収集性」という要素が盛り込まれています。コツコツとスライムを倒しレベルを上げていくという要素が「成長制」、アイテムを集めたり、ゴールドをためたりというのが「収集制」。私たちは、そうしたことに喜びや楽しみを感じるようにできています。ゲームはそれをうまく利用しています。だから、やめられなくなるのです。

参考までに、ゲームの要素を、勉強や仕事、生活に取り込んで、活用していくことをゲーミフィケーションと言います。

小学校低学年の頃、読んだ本の冊数によって読書レベルが上がるというような仕組みの図書室があります。「先生からもらえるシールが嬉しくて、宿題を欠かさなかった」という子どももいるかもしれません。それらもゲーミフィケーションです。ゲーミフィケーションの要素には、「成長制」「収集制」の他、「報酬制」「承認制」「日課制」があると言われています。

ゲームが楽しいのは、「ラスボスを倒す」という目標に向かって、工夫する、努力を重ねていくというプロセスが楽しいのであって、「ラスボスを倒すことができた」というのはプロセスの結果であり、そこで得られるのは達成感です。

プロセスなくして達成感は得られません。

だから、成功や勝ちを目標にしていいけれど、楽しいのはプロセスであり成長です。
私たち、親でもそう。人生でもそう。
楽しむべきはプロセスであり成長なのです。
育てる必要のない子育ては楽かもしれないけれど、楽しくありません。

10 人の目なんか気にしない

「人からなんと思われるかが気になる」「それが怖い」というママも多いです。それは、そういう価値観の中で生きているからです。そういう教育を受けたからです。

例えば、日本人は、どんな震災が起きようが、暴動も起きず、食料等の配給にはちゃんと列を作ります。サッカーの国際試合の試合後は、みんなでゴミ拾いをします。海外の方はそうではありません。イタリア在住のママ友から聞いた話では、そのギャップに驚くそうです。

これは、日本人の美徳であり、いわゆる「罰の文化」の価値観ではなく、「恥の文化」の価値観です。罪の文化は、絶対的な悪や罪に基づいて行動を律していますが、日本人の恥の文化は、他者からの見え方、思われ方に基づいて行動を律します。

日本の社会はこうした恥の文化、価値観によって成立している部分が大きいはずです。

私たちは、子どもの頃から、「そんなことしたら恥ずかしいよ」「そんなことしたら笑われるよ」「そんなことしたら人からどう思われるか」と教えられて育ちました。

そして、それをそのまま子どもたちに、無意識の価値観教育をしています。「そんなことしたら恥ずかしいよ」という言葉を子どもに発しているママもいるでしょう。言っていなくても、そうした態度で生活しているはずです。

確かに、自分を客観視し、人の権利を侵害しないことは大切です。

しかし、「人からなんと思われるかが気になる、怖い」と言って、行動しないのは本当にもったいない。

あるママの相談にのり、「ブログを書く」ように勧めました。その1ヶ月後。「ブログを開設し、記事は書いているのですが、誰が見てるかわからなくて、恥ずかしいので『公開』のボタン押せてません……」。

情報発信している人は、いかにフォロワーを増やすか、アクセス数を伸ばすか努力しているのに。

まず、開設したばかりのブログに、誰も、見に来るわけないです。

「人からなんと思われるかが気になる、怖い」なんて、私からすれば、自意識過剰です。

まず、誰もあなたのことなんか見ていません。万一、見ていたとしても何も思っていません。

例えば、子どものテストを考えるとわかりやすいです。

テストを受ける前に「A君は何点とるのだろう?」「Bさんは何点とるのだろう?」と思いをめぐらせてる人なんていないはずです。みんな自分の勉強に必死。

テストの成績が発表されたところで、全員の点数を確認して、あれやこれや言う人なんていません。みんな、自分の成績に喜んだり、落ち込んだり、次、頑張ろうと思ったり。

みんな、自分のことに必死なのです。

人からなんと思われるかなんか、全く気にしなくていいです。

親がそうした感覚を身につけ、子どももそうできるようになれば無敵です。

11 人の目なんてオバケのようなもの

「人からどう思われるか」なんてオバケみたいなものだと思います。

オバケ理論、その①。

まず、自分が「～と思われるんじゃないか」と心配したとしても、実際に、その人はそんな風には思っていません。思っているかもしれないけど確かめようがありません。勝手に、自分が心配しているだけです。

オバケなんかいないのに「オバケがいるかも」って恐れているだけです。

オバケ理論、その②。

もし、オバケがいたとしても、自分に実質的な損害を加える力があるとは思えません。だって、半透明でスカスカなんですから。

実社会でも、「あの人って○○なんじゃない!?」と思ったりする人もいます。それは仕方ないです。いろんな人がいますし、思考は自由です。でも、それに力はありません。思っているだけなのですから。損失、被害は一切ないです。

オバケ理論、その③。

仮にオバケがいたとして、強力な怨念か何かの力を持ったとします。では、そのオバケが自分に、肉体的、物理的、経済的な損害を加える力があるかどうか。たぶん無理でしょう。オバケのせいで、骨折したとか、車が傷ついたとか、100万円無くなったとか聞いたことありません。誰にも信じてもらえていないオバケなのですから。

実社会でも、うわさ話好きで「あの人って○○らしいよ」と吹聴して回る人がいます。はっきり言って迷惑ですし、精神的な損害は被ります。しかし、周りの人が、そんな人から、うわさ話を聞いて、どう思うか。

普通の人なら、「うわさ話ばかりして……」「次は私がうわさされるかも……」「近づかないでおこう……」と思うはずです。むしろ、「○○さんは××さんにうわさ話されてかわいそう」と、同情と共感を得られるかもしれません。

オバケと同じで、そもそも人から信じられていません。

いるかいないかどうかわからない、実害を与えることができないオバケを恐れて、行動できないなんてもったいない。オバケを恐れて、夜、トイレに行けなくて、おしっこ漏らしてしまったほうが損害は大きいです。

12 根拠のない自信を持つ

「自信がない」というママも多いです。

自信を持てないのは、自信に根拠を求めるからです。根拠を求めようとすると、人と比べなければならなくなります。

それも私たち大人は小さな頃から刷り込まれてきました。テストの成績がよかったら褒められるとか、入試に合格したら褒められるとか。

だけど、人と比べていたら、永遠に自信なんて持てません。

だって、自分より成績がいい人、頭がいい人、足が速い人、スポーツができる人は、社会にはいくらでもいます。

私は自分に自信があります。しかし、私より社会的地位が高い人、経済的に成功している人はいくらでもいます。ミュージシャンに比べれば歌もギターも下手だし、アイドルに比べれば外見なんて泣きたくなるほどです。

それでも、私は自分に自信があるし、自分のことが大好きです。

自信って自分を信じることです。自分を信じるのに根拠なんか要りません。

根拠を求めようとするから、人と比べるから、自信が持てないのです。

根拠のない自信は無敵です。

ママもその自信を身につけたほうがいいです。そうすればその自信が子どもにも身につきます。

その自信をもとに行動する。

さらに言えば、行動するのに、自信は必要不可欠な条件ではありません。

例えば、歌に自信はないけれど、カラオケに行ってマイクが回ってくれば、歌うはずです。優勝する自信はないけれど、スポーツの試合や大会に出るのと同じです。

みなさんだって、自信はないけど、やりたいこと、やらなければならないことはたくさんあるはずです。

行動するのに自信はあるに越したことはないけれど、自信がなくても行動する。

行動すること自体が大事なのです。

⑬ 修正すればいい

「行動できない」人たちは、完璧を求めがちです。

完璧を求めていいことはありません。

完璧を求めると、すごく時間がかかります。80％の出来まで仕上げるのに半分の時間がかかり、残り20％を仕上げ、完璧にするのに半分の時間がかかると言われています。これは、いろんな仕事に共通しています。

大学では、100点でも80点でも「優」で同じ。大学を主席で卒業しようと思えば、いかに「100点」を数多くとるかではなく、いかに「優」を数多く取るかです。とすれば、一つの単位（授業）に集中して100点をとろうとするよりも、いろんな単位（授業）に時間とエネルギーを分散したほうが効果的ということになります。

「あなたは、仕事の質、量、スピードのどれを大切にしていますか？」と聞くと、半数以上の人が「質」と答えます。

当然、100％の質が求められる仕事もあります。例えば、アート系の仕事では、自分が納得するまで作業し続ける人たちがたくさんいます。

また、スマホのアプリ等も、わずかなミスで、プログラム全体が動かなくなることもありえます。ただ、実際には、そんな業界でも、完璧を求めていたらキリがないので、「バグが見つかったら修正する」くらいの感じで製品を市場投入しています。だから、いろんなアプリはバージョンアップが繰り返されます。

完璧を求めず「修正する」くらいの感じで製品を市場投入しているという例、これをリーン・スタートアップと言います。「コストをかけずに最低限の製品・サービス・機能を持った試作品を短期間でつくり、顧客の反応を的確に取得して、顧客がより満足できる製品・サービスを開発していくマネジメント手法のこと」です。

スマホのゲームでも、正式リリース前に、ベータ版を体験してもらいユーザーから改善点を募るということをやっています。

有名な話では、マイクロソフトのWindows95。開発者は、中島聡さん。それだけでも驚きですが、発売時には、3500個ものバグがあることがわかっていたそうです。しかし、予定通りに発売するため、バグを残したまま発売しました。

Instagram(以下、インスタ)もそうです。2014年2月に日本語アカウントが開設。

ユーザー数は、２０１５年6月に８１０万人、２０１６年3月に１２００万人、同年12月に１６００万人、２０１７年10月に２０００万人を記録しました。「インスタ映え」という言葉は流行語になりました。

そんなインスタですが、もともとは「Burbn」という位置情報アプリとしてスタートしました。しかし、リリースしたものの、思った以上に人気が出なかったことから、分析やアイデア出しを繰り返し、「写真の共有機能が最も人気」ということを発見しました。そして、写真投稿をメインにしたＳＮＳに方向転換し、現在のインスタを完成させました。

インスタは２０１2年にＳＮＳ最大手のフェイスブックに買収されました。買収額は約10億ドル（約８１０億円）。当時のインスタの社員は、わずか13人でした。

一流企業、大企業も、こうしてスピードを重視し、失敗と修正を繰り返し、今があります。提案、反応、修正、再提案を繰り返しやったほうが、成功率が飛躍的に高まると言われてます。

「スピードは最大の付加価値」です。

そして失敗しても、修正を繰り返せばいいのです。

14 不登校は問題じゃない

不登校に関する相談はよくいただきます。

２０２０年度に「不登校」とみなされた小中学生は前年度より8.2％増の19万６１２７人で、過去最多でした。小中高校から報告された児童生徒の自殺者数も４１５人で最多。

コロナ禍による一斉休校など生活環境の変化が原因のようですが、いずれにせよ不登校は、特別なことではありません。

私は、まず、不登校自体は問題ではないと考えています。

学び方は多様であるべきだし、学校に行くだけが学びではないということを、文部科学省が各都道府県教育委員会教育長等に対して通知しています。

だから、子どもが「学校に行きたくない」「学校に行けない」というメッセージを出したら「行かなくても大丈夫」「よく言ってくれたね」と肯定的に受け止めましょう。

そして子どもが、その理由を話してくれるのを待ちます。愛情たっぷりのご飯を作ってどーんと構えて、ニコニコしています。それが「この子は大丈夫」「ママは、絶対にあなたの味方だからね」というような、見えないメッセージとして子どもの心の中に染み込んでいくはずです。

ママがオロオロしていたり、ママが不安だったりしていたら、子どももっと不安になるはずです。

ママが「学校に行きなさい！」「なんで行けないの！」なんて思っていたら、子どもは辛いです。それを態度や口に表していたらその子は地獄です。

私は、大学時代に教育実習に行ったとき、附属中学校のある先生が「学校に行きたくないという子どもを無理やり学校に行かせていたら、その子は死にますよ」と教えてくれました。

参考までに、年齢別死亡原因を見てみると「10歳〜14歳」の層の第3位が「自殺」（11・3％）で、原因の中に入ってきます。言い方を変えれば、10歳くらいになると「自殺」という考えが芽生えてしまうということです。

「15歳〜19歳」「20歳〜24歳」「25歳〜29歳」「30歳〜34歳」「35歳〜39歳」のいずれの層も第1位が自殺です。特に「20歳〜24歳」の層に至っては「自殺」の割合が49・8％

と約半数です。

次の問題は、「不登校で困っているのは誰か」「不登校で困っていることは何か」ということ。

当然、学校に行きたいのに、様々な問題があって行けないとすれば、子どもも困っているでしょう。だけど「行かない」「行かなくていい」と決めてしまえば、子どもは結構ケロッとしています。

その場合、困っているのは、実はママというケースが多い。何で困っているのかと聞くと、その理由は、「勉強が遅れる」「進路に差し障りが出る」「将来が不安」から始まり、場合によっては「ゲームばかりしている」「引きこもっている」等々。

「学校に行かなくても勉強はできますよ」と掘り下げていくと、「夫や義母にどう思われるか」「周りからどう見られるか」「学校の先生にいろいろ言われるから」。

それ、子どものためというより自分のためです。だから、まず、その価値観を捨ててしまいましょう。

不登校自体は問題ではありません。

15 不登校の原因を見極める

子どもが「学校に行きたくない」「行くことができない」と言い出したら、その理由とその対応方法を考えればいいだけのこと。

まずはその理由を見極めましょう。

①いじめられたり、無視されている。

これは、「行かなくていい」というより、「行かせたらダメ」です。

そして学校や教育委員会に相談するなど、親として毅然とした態度でその問題解決をすべきです。

②先生が怖い、先生が理不尽など。

これも「行かなくていい」という選択肢です。そして、学校に相談する等、問題解決に努めるべきでしょう。

ただし、注意すべきは「担任を変えさせる」「他の学校に転勤させる」「先生を辞めさせる」「そのために署名活動する！」等と考えないこと。そうやって感情的になってしまうママは、正直、多いです。よっぽどのことがない限り、これらは実現可能性が低いと思います。

心理学で「返報性の法則」というものがあります。簡単に言えば、自分のことを好きでいてくれる人は好きになります。その人から嫌われていたら、嫌いになります。先生も人間ですから、「辞めさせてやる」「転勤させてやる」という人を好きにはならないでしょう。結局、被害を被るのは子どもです。実際に、そうしたケースは多々、あります。

③学校になじめない、集団行動ができない。

この場合、発達障害など子どもの特性に根本的な原因があるのかもしれません。特別支援学級、特別支援学校、フリースクール、ホームスクーリング等、多様な選択肢を視野に入れてはどうでしょう。どの場であれば、子どもが楽しく学べ、生きることができるかを考えるべきです。

④他にやりたいことがある。

これは親子でしっかりと話し合うべきでしょう。スポーツ選手だって、小中学校はちゃんと行き、その上でプロ、一流になっています。「勉強はちゃんとしたほうがいい」

というプロ、一流選手もたくさんいます。

高校であれば、通信制という選択肢もあります。フィギュアスケートの紀平梨花選手は、KADOKAWA・ドワンゴが創ったネットを活用した通信制高校、N高等学校を卒業し、2021年6月現在、早稲田大学人間科学部（健康福祉科学科）eスクール在学中です。

ただし、個人的には、「他にやりたいことがあるから、学校に行きたくない」というのは、論理の飛躍だと思います。おそらく、他の理由があるはずです。

⑤勉強が嫌い、勉強についていけない、面倒くさい。

人はできることが好きで、苦手なことが嫌いです。勉強が嫌いだから学校に行きたくない、その気持ちはわかります。

前述のように、不登校は問題ではありません。しかし、勉強、学びを放棄してはいけません。

大切なのは、学校でいい成績が残せたかという結果ではありません。

大切なのは、学ぶ楽しさ、学ぶ力を身につけることです。逃げずに努力できたかという経験です。それを基にした自信です。

慶應義塾大学の前野隆司先生は、『幸せのメカニズム』という本の中で、以下のような研究成果を明らかにしています。1500人を対象にしたインターネットアンケートを因子分析した結果、幸せに生きることができている人の共通点の第1位は「自己実現と成長」でした。成長とは学び。

だから学びを放棄してはいけません。学びを放棄すると幸せになれません。

そのことを親子でしっかりと考えるべきです。

16 学校に行かなくても選択肢はある

学校に行かなくても勉強はできます。

まず、フリースクールやオルタナティブスクールという選択。在籍する学校の校長先生の判断で、フリースクールに通うことが在籍校の出席扱いになります。

ただし、フリースクールも様々。教員経験者が先生を務めているようなフリースクールもあれば、教育学も教育原理、教育心理も全く学んでいない人がやっているようなフリースクールもあります。

次に、ホームスクーリングという選択。家庭に拠点を置いて学習を行うことを言います。いじめなど嫌な人間関係を避けることができる、集団行動が苦手などの特性にあわせられる、自分のペースで勉強できる、得意なことに打ち込める等、様々なメリットがあります。一方で、同年代との交流がなく社会性を学べない、多様な考えや価値観を学べない、自己管理能力が必要、親がつきっきりになることが多く親が大変、親子で過ごす時間が長く親子関係が悪化する可能性がある等の問題点も指摘されています。

最後に、学校のオンライン授業という選択。コロナによって、小中学生一人ひとりにタブレットが配布されるなどして、オンライン授業の土台が整いました。オンラインを活用して、様々な理由で学校に来ることができない子どもたちに、学校の授業を提供している地域もあります。

いずれの選択にせよ、学校に行かなくても勉強はいくらでもできます。

タブレット教材が進化しています。ＡＩが用いられ、その子に応じた専用カリキュラムが作成されます。学習ステップを細かく分解してナノステップ化し、その子の理解度に合わせて出題できるのです。また、ゲーミフィケーションで、子どもたちが積極的に楽しく学び続けることができるように設計されています。

前述のように、ゲーミフィケーションとは、「成長制」「収集制」「報酬制」「承認制」「日課制」等のゲームの要素を、勉強や仕事、生活に取り込んで、活用していくことです。

学校の一律的、集団的な学習よりも学習効果は高いはずです。

17 学校にも役割はある！

子どもが不登校かどうかにかかわらず、学校の在り方や、学校そのものに対して否定的なママもいます。そうしたパパはあまりいないので不思議です。

少し前の話ですが、少年革命家を自称するYouTuber「ゆたぼん」が、学校を否定する発言で話題となっていました。

私自身は、彼のような考え方、生き方もあっていいと思います。

では、なぜ炎上してしまうかというと、彼自身が不登校という多様な学び方、生き方を主張しているにも関わらず、「学校に行く」という生き方を否定するからです。多様性を認めてないからです。

「学校に行かなくても勉強はできる」からといって、学校の意味がなくなっていくかというとそうではありません。学校の役割、学校で身につけるべき力が変わっていくはずです。

昔は、学力は学校で身につけざるを得ませんでした。

しかし前述のように、タブレットの方が、合理的・効率的に、学力の知識、技能面を身につけることができます。YouTubeに勉強系動画はたくさんありますし、わかるまで繰り返し観ることもできます。

そうなると、学校の役割とは、課題解決学習やチーム学習、運動会や合唱コンクールなどの行事を経験させること。学校で身につけるべき力とは、多様な価値観、コミュニケーション能力、協力する力、達成感、等々となります。

私の知人のある先生は、中学校でグループ学習を徹底しました。常に班活動。教室のレイアウトは、テストのときだけ列にするくらい。その結果、30名以上いた不登校は0になりました。学力は福岡市内で中盤だったのにトップになったそうです。

つまり、課題解決学習やチーム学習をすれば、学力も伸びるということです。

そして、それらは学校だけでなく、地域活動やスポーツクラブ、ボランティアやキャンプ等々でも経験できるかもしれません。

いずれにせよ、「子どもが学校に行けない」と悲観することはありません。子どもにどんな力を身につけさせたいか、そのために、どんな場で、どんな経験をさせればよいかを考え、実践すればいいと思います。

18 ヤメ癖も大丈夫

「16歳になる娘。中学生の時に壮絶ないじめにあい不登校になりました。なんとか中学を卒業し、やっと仕事を見つけ、今、近所のスーパーで働いていますが、もうやめたいと言っています。親としてはなんとか続けてほしいのですが……」という相談をいただきました。

まず、不登校で正解、学校に行かなくて正解です。

命に関わる問題です。

次に、仕事の問題。親として「ちゃんと働いてほしい」「続けてほしい」という気持ちはわかります。「ヤメ癖がついたらいけない」という気持ちもわかります。

でも、スーパーでの仕事が辛いなら、面白くないなら、私は辞めていいと思います。

例えば、スーパーのレジ打ちの仕事は、すぐに無人レジに置き換えられます。

好きなことなら続けます。

まだ16歳。

他の子は高校に行って、年号覚えたり、微分積分したりしています。だったら、その間、いろんなこと体験して、好きなこと探し、技術や能力を身につけたらいいと思います。

私自身も、今、こんなに偉そうにお話していますが、教員採用試験に2回落ち、25歳で不登校でした。

でも、今、すごく幸せに生きています。

まだ16歳。いろんな可能性があります。いつか、「あ～あの日の経験があったからこそ、今の自分がある」と思える日がきっとやってきます。

それを信じましょう。

そこから先は、自分自身の責任であり、親の責任ではないです。

第2部　これからの子どもの未来を考える20のヒント

これからの子どもの未来を考える

前章を読んで、ほんの少しでも心が軽くなったのであれば幸いです。でも、やっぱり不安はあります。私だって不安です。それは未来が、子どもの将来がどうなるかわからないからです。

私事ですが、２０２３年3月、20年間勤めた九州大学を49歳で早期退職しました。いろんな理由はありますが、これからの社会、具体的には、働き方、ＡＩ社会で生き残る仕事、セカンドキャリア、年金受給開始年齢、等々を考えた上での決断です。

経済的には相当に厳しくなりましたが、こうして何とか生きているし、「辞めてよかった」と心から思っています。

周りの人からは「何で辞めたんですか？」「生活はどうするんですか？」と

驚かれるほどですが、そんな決断ができたのは、これからの社会がどうなっていくかを予測したうえで、どんな力、仕事、生き方が必要かを考えていたからです。

つまり、未来を予測したり、これからの社会に必要な力を考えれば、子育ての軸や方向性も決めやすくなると思うのです。

未来に関する話を2つ。

よく「未来は変えられる。過去は変えられない」と言いますが、私は逆です。「未来は変えられない。過去は変えられる」。未来を変えるために、今、工夫したり、努力したりすることはできますが、それでも未来は一つ。それ以外にないのですから、変わっていません。

過去は変えられます。その当時、「失敗した！」と思っていたとしても、「あの失敗があってよかった」「あの失敗のおかげだ」と思える日が来ます。その条件は、今が幸せであることです。

つまり、過去の事実や現象は変わらないにしても、その認識や意味は変えることができます。とすれば、過去の自分を肯定できるように、今を幸せに生きればいいということです。

次に、私たちは過去や未来が存在するかのように考えていますが、それが概念でしかありません。

世界はたった5分前にできた、という『世界5分前仮説』があります。「子どもの時の記憶もあるし、江戸時代の資料も恐竜の骨も……」と反論しても、「その記憶や資料もすべて5分前にできた」と言われると、覆しようがないのです。

ちなみに、現在と過去と未来が直線で結ばれているという概念ができたのは近代哲学だといいます。

何が言いたいかというと、私たちには「今」しかありません。過去は概念でしかないのだから、その認識も意味もいくらでも塗り替えられます。

未来も概念です。起こるかわからない未来を恐れて、今を棒に振るなんてもったいない。

少し前に書いた詩作を紹介します。

『今を生きる』

赤ちゃんには
「今」しかない
未来も過去も考えていない。
今を必死で生きているだけ。
今、必死におっぱいを飲み
今、必死に泣き
今、必死にママを呼び
今、心から安心し
今、心から寝る。
ただそれだけ

その赤ちゃんが
いつの間にか
未来と過去を知る
とすれば、
未来と過去なんて
所詮、概念

この空の雲のように海の波のように
常にこの瞬間が
最初で最後

いつからだろう
未来を考えるようになったのは
いつからだろう
未来に不安を覚えるようになったのは

いつからだろう
未来に備えるようになったのは
いつからだろう
未来を見て、今を見なくなったのは
いつからだろう
未来のために、今を捨て始めたのは

訳の分からない未来にとらわれて
今を捨てるのは本当にやめにしよう
今の自分には今しかない

未来に起こることは
もしそれが
トラブルだとしても
未来の自分、成長した自分が

対応してくれているから
大丈夫。

今を生きる

この章では、これからの社会がどうなっていくか、その社会でどのような力が必要かを考えていきます。

未来は概念でしかないけれど、それを予測すれば、不安が減って今にフォーカスできます。今が楽しくなります。今が楽しくなれば過去を肯定できます。人生を肯定できます。

子どもも、自分も。

01 塾に頼るはもう古い

「子どもが中学進学を控えています。塾についてどうお考えですか？」という質問をいただきました。

結論から言うと、①目的、②本人の意思、③経済力をトータルで考えたうえで、親子で合意形成し、決定するしかありません。

まず、①目的。

塾で、子どもにどんな力を身につけさせたいかということ。その力を身につけることで、子どもがどんな未来を切り拓いていくのかということ。

とりあえず「いい高校、いい大学に行かせたい」「そのために学力、特に受験対策能力を身に付けさせたい」という考え方はもう古いです。

では、次は、塾で学力が身につくかという問題。

塾に行って学力が伸びない子は、たくさんいます。学力の基礎、言語能力の問題で、語彙力、読解力に乏しい子どもは塾に行っても成績は伸びません。

当然、勉強時間は長くなるので、少しはできるようになるでしょうが、それくらいのためなら自分で努力すればいい。

加えて、塾も多様で、そこで教える先生も多様です。端的に言えば、指導力のない先生も多数います。私は、大学生時代に塾のアルバイト経験が長かったし、一応、人気講師だったのでよくわかります。

だから、塾に行けば必ず学力が伸びる、成績が伸びるということはありません。「勉強→すぐ塾」という発想も安易すぎです。他の選択肢も検討すべきでしょう。今では、タブレットの通信講座もあります。

②本人の意思。
親からすれば「この子の将来のことを考えて」と思っているのでしょうが、子どもが望んでいないのにもかかわらず、親が塾や習い事を強要することなどは、ある意味、教育虐待に当たります。

③経済力。

学習塾費の年平均額は、公立の小学校が13・6万円、私立の小学校が33・7万円、公立の中学校が29・3万円、私立の中学校が25・4万円、公立の高等学校が28・3万円、私立の高等学校が33・8万円となっています。夏期講習だけで30万円というケースもあります。

こうした金額であれば、現実的に不可能な家庭もあるでしょう。

可能だとしても、「塾に行けば成績が伸びる」「高額な塾のほうが、成績が伸びる」と考えている親のもとでは、期待できません。

インターネットでドリルをダウンロードしたり、YouTubeで勉強系動画を検索したり、無料でできることはいくらでもあります。

加えて、最近では、子どもに指導もせず月謝だけを払いつづけさせるような「キャバクラ塾」もあるそうですよ。

02 子どもには遊びが大事

私は、「地域の見守り隊」として、毎日、小学生の集団登校の見守りを行っています。時間があれば、下校の見守りも行っています。

下校を見守っていると、ダッシュで家に帰りそのまますぐ自転車に乗って遊びに行く子もいたり、道草して帰る子もいます。

この道草が面白い。

例えば、木の枝を折って、その枝で雑草を片っ端から叩いていく子。

川に葉っぱを投げ、その葉っぱを沈めようと、必死で砂を投げ続ける子。そうしたら、友達が集まってきて、みんなで葉っぱを沈めるために、砂や石を投げ続ける。

大人からすれば、何が面白いかわからないし、そんなこと多分できないし、できたとしても何の意味もない。だけど面白がってやり続けます。

子どもたちって、今しかできないことをやっているんだなって痛感しました。

子どもの育ちに遊びは不可欠です。

まず、遊びは子どもの体力を養い、運動機能、運動技能を向上させます。特に、幼児期から児童期においては、脳・神経系が急激に発達します。そのため、この時期は見る、聞く、触れて感じるなど様々な感覚を働かせるだけでなく、手や足をはじめとする多くの運動器官を動かしたりしながら、体のバランスをとって運動すること、いろいろな方向に移動すること、用具などの動きにタイミングよく反応すること、力の入れ具合を調整することなど基本的な動きを習得することに適しています。

乳幼児期における家庭での親子での遊びは、言葉のコミュニケーションとともに、スキンシップや運動を通して、気持ちの通じ合いが生まれ、親と子の愛情を育みます。

幼児期以降の友達との遊びは、逃げる、追いかける、競争する、相手の動きに合わせて自分の動きを調整するなど、仲間とともに自分の力を精一杯出して身体を動かす楽しさを味わうことができ、より一層、体力を養い、運動機能、運動技能を向上させます。

次に、遊びは、子どもの社会性を育てます。「社会性」自体、曖昧な概念ですが、子どもたちが遊んでいるのを見ると、確かに、社会性が育まれているのがわかります。自分たちで遊びのルールを決め、コミュニケーションによってそれを共有します。いろいろなトラブルも生じますが、自分たちで解決します。我慢しなければならない局面もあります。勇気を出して挑戦しなければならない局面もあります。

端的なのが、ままごとなどの「ごっこ遊び」です。ごっこ遊びは、子どもがそれぞれの立場になり切り、役割を持ち、コミュニケーションを取りながら行う遊びです。それぞれの立場になり切るということは、「その人の立場に思いをはせることができる」ということです。場合によっては、自分の考えとは違うキャラクターを演じる必要もあります。子どもはごっこ遊びで、主観的な視点、客観的な視点で、自分やものを見る能力を身につけていきます。

ごっこ遊びをたくさんした子どもは協調性を発揮しやすいという調査結果もあるそうです。

遊びを通じて、感情のコントロールもできるようになります。例えば、ドッジボールでもバドミントンでも、何でも、遊びでも負けるのは悔しいです。泣いてしまう子もいるでしょう。泣くほど悔しくても、そこで「やめた」となったら、もう遊べなくなります。どんなに嫌でも、どんなに悔しくても、感情をコントロールし、ルールを守らなければ遊びは成立しないのです。

しかも、そこには、「大人から押し付けられたルールを守らなければならない」という外発的な動機付けではなく、「自分が遊びたいから自分でルールを守ろう」という内発的動機付けがあります。

遊ぶためルールを守らなければならず、遊びは自分達の力で維持しなくてはなりません。遊びによって、子どもに我慢の力、モラル、責任感が身に付きます。

03 遊びで脳が育つ

「遊んでばかりいて……もっと、勉強してほしいんですが……」、という声もよく聞きます。

前述のように、子どもの育ちにとって遊びは不可欠ですし、遊びは、子どもの心の安定ももたらします。

脳は三層構造になっています。脳幹、旧皮質、新皮質です。

脳幹は心臓を動かすとか、生命維持の機能をつかさどります。

旧皮質は本能をつかさどります。

新皮質は人間らしさをつかさどります。人間らしさとは何かというと、簡単に言えば、動物の中で人間にしかできないことであり、それは①言語能力、②共感能力、③ものを覚えようという気持ち、④意欲、⑤行動の自制、⑥感情のコントロール、⑦発明の力、芸術の力、⑧集中力、⑨同時並行作業能力、⑩発想力、等々です。これらは人間にしかできないことです。そしてそれは、新皮質、特に前頭前野が重要になります。

旧皮質がつかさどる本能。本能による三大欲求と言えば、①食欲、②性欲、③睡眠欲。しかし、睡眠は欲ではなく機能であり、「集団欲」という説が有力です。

確かに集団欲というのはありえます。だって、ヒトは群れで生きてきた生物ですから、それが本能として歴史的に内在されても、全く不思議はありません。

なぜ、「遊び」が必要か。

大脳新皮質は睡眠によって回復しますが、古い皮質は睡眠によって疲れが回復しません。「集団本能に係る部分は、話し合ったり、遊びあったりすることで回復する」という説があります。

こうやって考えていくと旧皮質には「集団欲」があり、それを満たす必要があると言えそうです。さらに「旧皮質の欲求が満たされなければ、新皮質は機能しない」という説もあります。

これは、マズローの五段階欲求説にそっくりです。

マズローは「人間の欲求は5段階のピラミッドのように構成されている」という説を唱えました。

第一階層は「生理的欲求」。生きていくための基本的・本能的な欲求。食べたい、寝たいなど。

第二階層は「安全の欲求」。危機を回避したい、安全・安心な暮らしがしたい、など。

第三階層は「社会的欲求」。集団に所属したり、仲間が欲しい、など。

第四階層が「承認欲求」。他者から認められたい、尊敬されたい、など。

第五階層が「自己実現欲求」。自分の能力を引き出し創造的活動がしたい、など。

低階層の欲求が満たされると、より高次の階層の欲求を欲するようになります。逆に言えば、低階層の欲求が満たされなければ、高次の階層の欲求は満たされないということです。

脳の構造に照らし合わせて考えると、第三階層までは旧皮質。

第四階層以上が新皮質。

脳の階層構造と心、心理、欲求の階層構造は、ぴったりと一致します。

そして遊びは、その心、心理、欲求を満たすものなのです。

ちなみに、この場合の遊びとは「屋外で、3人以上の集団で、土と水と風にじかに触れて走り回る遊び」です。

04 最近のおもちゃはすごい！

室内の遊び、道具を使った遊びも子どもの多面的な力を育みます。

まず、手の巧緻性を育みます。「こわす」「むすぶ」「ひっぱる」「ちぎる」「くみたてる」「なげる」「とめる」「たたく」「こねる」「けずる」「まげる」「きる」「ぬる」、等々。

また、立体的想像力も身につきます。これは机の上の勉強だけしていても身につきません。

レゴブロックがいい例でしょう。様々な形のブロックを組み合わせ、何でも作り上げることができます。その可能性は無限です。

そういう意味では、脳科学者の黒川伊保子先生も、空間把握能力を身につけさせるには、テレビゲームもいいと言います。最近ではマイクラがいい例でしょう。

私の子どもが小さい頃、遊んでいて感動したおもちゃといえば、マグフォーマーです。私が子どものころはありませんでした。正三角形、正方形のパーツがあり（入門セット）、各辺に強力磁石がついています。このパーツを組み合わせて立体や幾何学模様を作ることができるのです。

例えば、正方形のパーツ6個を組み合わせれば立方体になります。正三角形のパーツ4個を組み合わせれば正三角錐になります。小学校高学年で学習する展開図を、感覚的に身につけることができます。

正三角形の内角が60度で、外角が120度、外角の和は360度になるといった算数や数学の力も、小さいころから感覚的に身につけることができるでしょう。

今は、私が子どものころにはなかった、本当に便利なおもちゃがいろいろあります。「カタン」「アルゴ」「ディクシット」「アトムモンスターズ」、子どもの様々な力を伸ばす、様々なボードゲーム、カードゲームがあります。ゲームだからといって侮ってはいけません。

ただし、子どもにとっては、すべてが遊びで、すべてがおもちゃです。ルールが決められている完成されたものを与えすぎるのもよくないでしょう。

何をどう使い、どう遊ぶかが真の創造性につながります。自発性、主体性も育まれます。

遊びが、子どもの学力も育みます。

勉強も大事ですが、遊びも大事なのです。

私の大好きな言葉です。

「勉強しすぎるとバカになる」。

05 大学に行くデメリット

「子どもには大学に行ってほしい。しかも、できるだけ、いい大学、偏差値の高い大学に行ってほしい」という思いはみんな同じです。

私たち昭和世代の親からすれば。

これからの時代、これからの社会において、あらためて大学に進学する意味、意義を考えてみます。

まず、大学に進学することのデメリットから考えてみましょう。

①お金がかかる

国立大学の学費が年間60万円、私立大学の学費が年間100万円以上。一人暮らしをした場合の生活費が年120万円。とすれば4年で800万~1000万円くらいのお金がかかります。それだけではありません。機会費用(大学に行かずに働いた場合)を考えれば、年間300万円としても4年で1200万円。合計で約2000万円のお金を費やすことになります。

これまでは、そのコストも回収できていました。

生涯獲得賃金・年収の平均は、高卒の男性が43年間で2億円前後。一方大卒の男性は39年間で2億4000万円です。高卒の男性と大卒の男性では、生涯年収4000万円ほどの差になると言われています。

しかし、現在は、終身雇用、年功序列という日本型雇用が崩壊しました。大卒のほうが、経済的に豊かになれるという考え方は通用しないかもしれません。

②時間がかかる

大学を卒業しようとすると4年間という時間がかかります。昔の4年間と今の4年間は意味が違います。技術は指数関数的に発展するので、現在の4年間の変化って、ものスゴイのです。これからはもっとです。

その貴重な4年間をどこでどう過ごすのか。もしかしたら、大学は最先端というイメージがあるかもしれませんが、総じて古いです。

例えば、これだけデジタル化、はんこレス化が叫ばれているのに、未だに出勤簿に押印しなければなりません。致命的なのは、それに対して誰も異を唱えないこと、改革しようとしないこと、できないこと。

おそらく、規模の大きな大学のほうが、その傾向は強いでしょう。

そんな場で18歳から22歳という貴重な4年間を過ごしますか、ということ。

そして、お金は取り返せますが時間は取り返せません。

人生で最も大切なものは時間です。

06 大学に行く意味

逆に、大学に進学する目的、意味・意義、メリットは何でしょう。

①勉強のため、研究のため

そのために大学に行くというのは、もっともらしい理由です。だけど、大学で一生懸命に勉強、研究しているという学生は少ないです。それはみなさんも同じだったはず。

また、それは大学に行かなければ勉強できなかった時代の話であり、現在は、大学に行かなくても勉強や研究はいくらでもできます。インターネットであらゆる情報にアクセスできるし、MOOCs（ムークス）や、Khan Academy（カーンアカデミー）などで、世界各国の有名大学の講義を視聴することができます。大学図書館も一般利用できます。大学に入学しなくても、大学の講義に潜り込めばいいです。

研究者でなくても、学会に入会できますし、当然、学会発表も論文発表もできます。

２０２１年、小学6年生、柴田亮君の書いた論文がアメリカの生態学専門誌『Ecology』に掲載され話題となりました。
この現代社会においては勉強や研究は、しようと思えばいくらでもできます。

②就職のため

当然、大学に行かなければ就けない職業もあります。医師、歯科医師、獣医師、薬剤師、等。現実的に、大卒でなければ就くことが難しい職業もあります。学校教員、法曹（弁護士、裁判官、検事）、等。そうした職業に就きたい人は、大学に行かなければなりません。

しかし、一般企業に就職、サラリーマンというのであれば話は全く異なります。現在、急速に発達しているＡＩがもっとも取って代わりやすいのは、大卒のホワイトカラーの仕事だと言われています。例えば、管理職、事務職、営業職、公務員等。

今、大学生の就職先として人気のメガバンクも、２０１７年に、大規模なリストラ計画を発表しました。三菱ＵＦＪフィナンシャル・グループは９５００人分、三井住友フィナンシャル・グループは４０００人分、みずほフィナンシャル・グループは

1万9000人分の人員削減です。

米国ゴールドマンサックスは2000年のピーク時には600人いたトレーダーが17年には2人まで減少しています。

現在、士業として位置づけられている仕事もそう。例えば、税理士や会計士。法律をベースに判断する仕事はAIの得意領域です。実際に、IT先進国エストニアでは、キャッシュレス社会の進展と相まって、税理士や会計士が消滅しました。

これからは、「就職のために大学」という考えや、ライフコースは成立しなくなる可能性があります。

③ステータス、社会的信用

高卒と大卒を比べたら、大卒のほうが「ステータスが高い」というのは、根強い価値観でしょう。

インターネット掲示板2ch創設者のひろゆきさんは「大学は卒業しておく価値がある」「学歴だけはあったほうがいい」と言っています。

私も、東大卒と言われると、何となく「スゴ!」って思いますし、学歴が保証してくれる社会的信用もわかります。

しかし、逆に「すごいな～、尊敬できるなぁ～」と思える人が、高卒だと聞いて、その評価を覆しますか？

同じように、私のことを評価してくれる人もいますが、「ゴーシ先生は福岡教育大卒だから」「ゴーシ先生は九大教員だから」という理由で評価してくれているわけではないでしょう。

本や講演、コンサルティング、プロデュース等、私の仕事そのもののはずです。では、その能力が、学歴や所属によって身についたかというと絶対にそんなことはありません。

私は、いろんな本を読み、いろんな人に出会い、いろんな話を聞き、いろんな経験をし、いろんな挑戦をし、いろんな失敗もして今の力を身につけました。

学歴が、ステータスや社会的信用になるというのは、大学に進学する人が少なかった時代の話であり、情報がなかった時代の話です。

これまでも、特にこれからの社会で、本当に評価されるのは、学歴ではありません。

ただし、自分の子どもが、学歴でしか勝負するものがないのであれば、そうせざるを得ないのも事実です。

④みんなが行くから、行ってないと不安だから、親が言うから

実際のところ、これが大半ではないでしょうか。それに2000万円と4年間の価値があると思えば、行く価値はあります。

だけど、経済的余裕がなければ、その先、奨学金地獄なんていう未来が待っていることもあります。

「平成30年度 学生生活調査報告」によると、奨学金受給者の割合は、大学（昼間部）で47・5％。約半数の大学生が奨学金を借りています。

奨学金と言うと聞こえはいいのですが、簡単に言えば低金利の借金です。

金額についてはいろんなパターンはありますが、月に5万円の奨学金を給付してもらうとすれば、4年間で240万円。240万円の借金を背負って社会人スタートです。

ある大学に通っていながら振り込め詐欺をやっていた子のリアルな言葉です。

「日本で最悪の組織的詐欺は大学だ。本当に将来に必要になるかどうかもわからない

教育を受けて、履歴書に書く『〇〇大学卒業』という1行を買うために、18歳の子に数百万円の借金を押しつける」。

⑤自由な時間、豊かな経験、出会い

この意味は大きいかもしれません。

私自身、生まれ変わったら「大学に行かない」と思いますが、じゃぁ、大学に行かないほうがよかったかと問われると、やっぱり「行ってよかった」。

それは、勉強できたとか、就職に役立ったとか、ステータスや社会的信用を得たなんて理由ではありません。

思いっきりバンド活動をやって、自分でイベントを企画・運営する経験をし、そのためにいろんなバイトやって、仲間とバカ騒ぎし、危ない橋もわたったり、振り返りたくないような恋愛をしたり、自炊能力も身につけ、教員採用試験に2度落ちるという挫折もし。そんな、いろんな意味で自立のための時間となったからです。

だけど、それは大学に行かなければできないことではありません。

私が今、生まれ変わって、中高生の立場ならどうするか。

親に頼んで4年間という時間と、生活費を少しもらいます。例えば月3万円として、4年で144万円。大学に行くためにかかる800万円の約1／5以下です。

そして日本中の、素敵な農家さん、素晴らしい技術を持った職人さん、優秀な経営者、志のある政治家、等々のもとで勉強させてもらいます。「勉強させてください。働かせてください。何でもやります。一生懸命頑張ります。お金はいりません。寝るところとご飯だけは食べさせてください」とお願いします。

多分、断られません。そんな大人はやる気のある若者を無下に断ったりしないからです。

1ヶ所で3ヶ月間勉強するとして、年4ヶ所。4年間で16ヶ所。

2ヶ月間なら24ヶ所。

次に行くアテがなければ、その人に紹介してもらいます。素敵な人は素敵な人をたくさん知っているからです。

そうしていろんな知識と経験を身につけ、なにより人脈と信頼を作ります。

勉強は、たくさん本を読んで、上述のようにネットで世界各国の有名大学の講義を視聴したり、大学の講義に潜り込んだり。

４年後は、知識と経験、人脈信頼をもとに起業してもいいし、どこかで働いてもいい。いずれにせよ、４年間、２０００万円の意味は大きいです。そのことを真剣に考え、何に投資するかです。

07 大学に誰でも行けるとしたら

高校進学率は、1950年は42・5％でした。ですから、「高校に行けばいい仕事に就ける」という時代がありました。

現在の高校進学率は約99％。「高校に行けばいい仕事に就ける」と思っている人なんていないでしょう。

1955年の大学進学率は10・1％でした。当然、「大学に行けば、もっと、いい仕事に就ける」時代でした。

現在の大学進学率は55％前後。そう考えると、まだ社会的に、大学進学のアドバンテージはありそうです。

しかし、2021年、定員割れしている私立大学は46・4％。つまり、半数の私立大学が、成績が悪くても、誰でも入ることができます。

加えて、高等教育無償化が議論されています。ノルウェー、フィンランド、ドイツ、等々は大学の授業料が無料です。

そう考えると日本も誰でも大学に行ける時代が来るのかもしれません。

とすれば「大卒だから優秀」「大卒だから就職に有利」「大卒だから生涯獲得賃金が高い」という価値観はなくなるでしょう。

いずれにせよ、親がそうした事実をちゃんと調べ、理解し、その上で判断すべきだと思います。

08 ゲーマーになりたい、YouTuberになりたいという子どもに

子どもの2分の1成人式に行って、多くの男子生徒が「ゲーマーになりたい」「YouTuberになりたい」と言っているのに驚きました。アンケートは本当でした。

2021年3月に、第一生命が、全国の小・中・高校生を対象にした第32回「大人になったらなりたいもの」のアンケート結果を発表しました。小学生男子の1位は「会社員」、2位は「YouTuber／動画投稿者」でした。

参考までに紹介しておくと、YouTubeで広告収入をもらうって、そう簡単なことではありません。最低条件として「チャンネル登録者数が1000人以上」「直近12ヶ月の総再生時間が4000時間以上」(2024年2月現在)。

私もチャンネルを持っていますが、チャンネル登録者数が1000人に達していません。だから、コンテンツがない人は、チャンネル登録者数や再生時間をかせぐために、「迷惑系」に走らざるを得なくなります。

たとえ、最低条件を満たしたとしても、一般的なYouTuberの広告収入は1再生あ

たり約0.1円未満と言われています。つまり10万回再生されても1万円。これでは、とても生活できませんし、そうした動画を次々とｕｐする必要があるということです。

一方で、２０１６年にピコ太郎さんが発表した『ＰＰＡＰ』は、これまでに1億４０００万回以上再生されています。1再生あたり約0.3円として、４２００万円。制作費はスタジオ代など10万円程度だったということなので、ものすごい可能性があることも事実です。

でも、やっぱりYouTuberはコモディティ化（一般化）してしまいました。誰でも、いつでも動画をｕｐできる時代です。ＬＩＮＥのスタンプ制作でも、TikTokでもそう。今から始めて成功するのは難しそうです。

実際に２０２３年には、多くのYouTuberの所得が減少、YouTubeからの離脱が報告されています。

では、ゲーマーはどうか。

ｅスポーツと言うと、「単なるテレビゲームでしょ」と、眉をしかめる大人は多いと思います。

「そんなもので食っていけない」と言う大人は多いと思います。

人気のゲーム『フォートナイト（Fortnite）』は、賞金規模が億を超える大会が多数開催されています。世界大会で優勝した16歳の少年が賞金３００万ドル（3億３０００万円）を手にしたことが話題となりました。

ちなみに、将棋の藤井聡太二冠は、棋聖と王位のタイトルを最年少記録で獲得しましたが、それぞれのタイトル賞金は約１千万円。

桁が違います。

将棋をやっていると言うと「賢い」イメージで、eスポーツと言うと「単なるテレビゲームでしょ」「そんなもので食っていけない」というのは、古い価値観です。

一部の高校では、eスポーツ部が部活として導入されています。文部科学省も後押ししています。「団体行動なのでコミュニケーション能力が要求され、チームのスキルアップや勝利するために知恵を出し合うことが欠かせない」とのこと。練習時間を制限することなどに注意を払ったり、部員全員で勉強に取り組んだ結果、全部員の成績がアップしたという事例もあるそうです。

よく考えれば、将棋だってもとは遊び。

例えば、スノーボードが日本でブームになったのは１９９０年代です。私の高校の修学旅行（1990年）ではスノーボードの選択肢はなく、スキーでした。スキー場でスノーボードをやっている人は一人も見ませんでした。当時、スノーボードは単なる新しい遊びでした。

それが今では、オリンピック種目となり、Xゲームでは多額の賞金を手にすることができるようになりました。

堀江貴文さんは、様々な著作の中で、「遊びが仕事になる」「遊びを極めることでお金になる」ことを提唱されています。

「そんなもので食っていけない」、昔は確かにそうでした。

しかし、今は、ネットショップがあり、YouTubeがあり、オンラインスクールがあり、SNSがあります。

昔も今も「歌手になりたい」「ミュージシャンになりたい」「アイドルになりたい」という夢を持つ子どもはたくさんいます。

昔は、それらになろうとすれば、オーディションを受け、事務所に所属し、レーベルからプロデビューしなければなりませんでした。それしか選択肢、ルートがありませんでした。

しかし、今では、動画SNSから火がついてプロデビューできる人もいますし、プロにならなくても動画配信や投げ銭等でマネタイズしている人もいます。

自分の趣味や遊び、好きなこと、好きなものを仕事にできる、お金にするプラットフォームが整いました。「遊びが仕事になる」「遊びを極めることでお金になる」可能性が広がりました。

だから、将来のために、学歴や就職のために、自分の趣味や遊び、好きなこと、好きなものを、止めたり、捨てたり、犠牲にする必要はないと思います。

これからの時代は特に。

09 親も夢をあきらめない

「自分が昔叶えられなかった夢を子どもに託すことについて、先生はどうお考えですか？」という質問。

例えば、音楽でメジャーデビューを果たして、ミュージシャンとして活躍したかったけれど、残念ながら叶えることができなかった親がいたとします。

「自分の代わりに子どもが音楽の道へと進んでくれたら嬉しい」「その姿を見ることができたら幸せだ」「だから、子どものために音楽関係の習い事もさせよう」的なことでしょう。

かなりの一方的です。

まず、原理原則として、子どもは親のおもちゃではありません。子どもには子どもの人生があります。子どものやりたいことをやらせるべきでしょう。

しかし、現実的には親の影響は相当に大きいと思います。

特にスポーツ系はその傾向が強く、今、活躍しているアスリートの多くがそのスポーツを始めたのは「親がやっていたから」でしょう。野球やゴルフ、卓球、体操、テニス、バドミントン、等々、有名選手が子どもの頃、親に熱心に指導されている姿がテレビでもよく紹介されています。

わが家の場合、私が野球もサッカーもできないので「野球をやりたい」「サッカーを習いたい」なんて全く言いません。当然、テニスもゴルフもそう。ラクロス、クリケットなんて発想さえありません。

下の男の子は映画『スター・ウォーズ』が大好きで、それはパパが『スター・ウォーズ』が大好きで、休みの日にＤＶＤを見ていたからでしょう。

だから、親の影響は相当に大きくて、親が好きなものはやっぱり好きになってしまいます。

子どもがやりたくないことを、親の夢のリベンジのためにムリヤリさせることは問題だけれど、子どもが、その道で夢を掲げるならそれはそれでいいと思います。

その上で、親が、子どもに何をどう選択させるかを考え、学んでおくことは重要です。

例に挙げたミュージシャンのお話。

私なら、メジャーデビューにこだわらず、好きな音楽を一生続けて、少しづつでもマネタイズする方法を子どもと一緒に考えます。

今なら、YouTubeでの収益化（広告収入）、動画配信での投げ銭、クラウドファンディングなど、いろんな方法があります。そのプラットフォームが整っています。

メジャーデビューしていないけど、YouTubeや動画SNSで大ブレイクしたミュージシャンはたくさんいます。

その前に重要なのは、親自身が「ミュージシャンとして活躍したかったけれど、残念ながら叶えることができなかった」ってもう諦めてるの、ということ。

私なんか、超下手くそだけど、46歳になってDAW（パソコンでのレコーディング方法）を覚え、詞を書いて、曲を書いて、レコーディングして動画作って、YouTubeにｕｐしています。

親が、それくらい貪欲にチャレンジし続けておかないと、子どもにも、そのマインドが育たないんじゃないかなと思います。

10 点を作る時期、いつか線になる

「子どもが、将来、役に立たないことばかりやってるのですが……」という相談。

親にとっての「役に立たないこと」は、ゲームとかYouTubeとかマンガとかでしょう。

それが将来、役に立つか、仕事の役に立つか、お金になるかどうか、そんなことはわかりません。

スティーブ・ジョブズは、オレゴン州ポートランドのリードカレッジに入学しました。しかし、半年で退学。その理由は、必修科目に興味が無く、お金がもったいなかったから。

しかし、ジョブズはその後も自分の興味のある授業だけもぐりこみました。その授業のひとつがカリグラフィーでした。

その後、アップルコンピュータを設立したジョブズ。マッキントッシュのデザイン中に大学でのカリグラフィーの授業を思い出し、美しいタイポグラフィを内蔵した初

めてのコンピューターを作りました。

もし、ジョブズがカリグラフィーについて知らなければ、今のパソコンやスマホには、文字間調節機能が入っていなかったかもしれません。

では、ジョブズが将来、マッキントッシュを作ることを目的に、カリグラフィーの授業を受けていたかというとそんなことはないでしょう。

カリグラフィーという点とマッキントッシュという点がつながったわけです。

私自身、この本だってそうで、いろんな本を読み、いろんな話を聞き、いろんな人の相談にのって、いろんな話をし、ブログ記事にして、それでこの原稿ができています。

「役に立つかわからない」と切り捨てていたら、この本はできていなかったでしょう。

ありとあらゆることが、出会いや、人に勧められたこと、ノリや勢いでやってみた行動からできていると痛感しています。

その行動が点（知識・技術・経験・能力）となり、何かの点とつながり、何かの形になっていきます。

つまり、いかに点を作っていくかが大事。

今、子どもは、小さな小さな点をいっぱい作っています。

11 子育てのために未来を学ぶ

子育てをする上で、これからの社会がどうなっていくかを、知っておくことは重要でしょう。

しかし、ママは、「テクノロジー」とか「最新技術」「未来」とか、そういう分野が苦手のようです。例えば、少し古い調査ですが、キャッシュレス化の賛否について質問したところ、女性のほうが男性よりも明らかに否定的でした。

確かに実際にいろんなママたちと話していても「個人情報が流出する恐れが……」「悪用、不正利用される可能性が……」というような声をよく聞きます。

しかし、例えば、皆が駅でＩＣカードやスマホで改札を通過しているのに、券売機に並んで現金で切符を買って……というのは非合理的で時間の無駄だと思います。そんな環境で子どもを育てるのか、そんな背中を子どもに見せるのかということです。

簡単に、これからの社会がどうなるかを考えてみましょう。

①人口減少社会

日本の人口は、飢饉や戦争など一時的にわずかながら減少することはあっても、ずっと増加し続けてきました。

江戸幕府が成立した１６０３年には１２２７万人程度だったと言われています。１８６８年の明治維新時には３３３０万人。１９４５年の終戦時には７１９９万人。日本の人口は、２００８年の約1億２８００万人まで、驚くべきスピードで増加してきました。いわば、成長社会。それゆえ、過去の経験に基づいて、未来がおおよそ推測できていました。

しかし、２００８年をピークに、日本の人口はずっと減少し続けています。これからの社会は、誰も経験したことのない「人口減少社会」です。

２０２０年の出生数は84・7万人。死亡者数は１３８・5万人。差し引きすると、自然減は約53・8万人。毎年、50万人以上、日本の人口は減っているということになります。

鳥取県の人口が57万人ですから、1年で鳥取県がなくなる計算です。

それだけの人口が毎年減っていっています。

国際的にみると、国の人口が減少している国は、231か国中23か国しかありません。いわゆる先進国のうち、人口が減少している国は、日本とドイツくらいです。

国立社会保障・人口問題研究所が発表した『日本の将来推計人口』によれば、日本の人口は減少を続け、2060年には8674万人にまで減少するとのことです。

そうすると、医療保険の破綻、年金制度の崩壊、労働力不足等、様々な問題が生じる可能性があります。

②超高齢社会

人口減少だけではありません。高齢化も進んでいます。

2020年の65歳以上の高齢者人口は、3617万人でした。総人口のうち、高齢者人口が占める割合のことを高齢化率といいます。2016年の高齢化率が27・5%です。

1950年の高齢化率は5%足らずだったのですが、1970年に7%を超え、1994年には14%を超えました。ちなみに高齢化社会とは、高齢化率が7%〜14%。14%〜21%で高齢社会、21%〜で超高齢社会と定義されています。

よく「少子高齢化社会」と言われますが、実は、現在の日本は「少子高齢化社会」ではなく、「少子超高齢社会」なのです。

そして、日本は、高齢化率が28・7％と世界最高です。ちなみに第2位は、ドイツで21・14％（2013年）、第3位がイタリアで21・13％（2013年）。ダントツです。お隣の韓国は12・17％（2013年）、中国は8・88％（2013年）ですから、日本の高齢化率が、いかに際立っているかがわかります。

さらに、世界各国の高齢化率が、7％を超えてからその倍にあたる14％に達するまでにかかった年数で比較した場合、フランスは126年、スウェーデンは85年、イギリスは46年、ドイツは40年かかりました。日本はわずか24年でした。つまり世界ダントツのスピードで高齢化が進み、世界ダントツの超高齢社会となっているのです。

③成熟社会

「成長社会」は終焉を迎えました。

経済的に見れば、大きな転機は、1997年。山一証券や北海道拓殖銀行など大手金融機関の経営破綻が明るみになったこの年、日本の経済成長はピークアウトしたと言われています。一人あたりの個人消費は下降局面を迎えています。

それから、「成長社会」時には、三種の神器と言われる「いつか、わが家にも」と喉から手が出るほど欲しいモノがありました。1950年代は白黒テレビ、冷蔵庫、洗濯機、1960年年代はカラーテレビ、クーラー、自家用車、等です。

それらを開発し、作って、売れば、当然、経済成長します。

しかし、現在、各家庭には一通りモノがそろっています。テレビもDVDも、冷蔵庫、洗濯機、エアコン、自家用車。パソコン、タブレット、スマホなんて一人一台の時代です。

つまり、必要な物やサービスは満ち溢れていますが、人口は減少し始め、経済成長はピークアウトしています

いわゆる「成熟社会」と言われています。

「成長社会」と「成熟社会」とでは、人口と経済成長という前提が違います。当然、いろんな要素も異なってきます。

成長社会には「画一性」が重要です。

例えば、消費者がまだ自家用車を所有しておらず、皆、自動車を欲しがっているとします。「自家用車にどれくらい支払いますか？」「〇万円くらい」、「形状は？」「セダン」、「排気量は？」「１１００ｃｃ」、「色は？」「白」、なんていうリサーチが行われ、カローラという自動車を大量生産し、できるだけコストを下げて、消費者に提供する必要があります。それが売れて、大衆車、国民車となります。

そしてみんな「いつかはクラウン」という価値観を持っているので、クラウンを同じ手法で開発すればいいわけです。

というように、成長社会では、個別のニーズに対応するよりも、画一的な製品を安く作って消費者に提供することが求められてきました。

成熟社会では価値観が多様化します。「多様性」が重視されます。「白のカローラ」だけでは、もう売れません。ある人は、「軽で十分。最近の軽は広いし」と思ってます。ある人は、「やっぱり足回りを考えればＢＭＷだね」なんて思ってます。ある人は、「いつかはクラウン」と思っているのですが、そこで選ぶ色はピンクだったりします。そもそも「車を所有するなんて古い、シェアで十分」という価値観も出てきます。

というように成熟社会では、価値観が多様化し、社会は複雑化しています。

12 働き方が変わる

①ワークシフト

働き方改革の必要性は、以前から声高に叫ばれていましたが、コロナで一気に加速しました。「テレワーク」や「フレックスタイム制」が推奨されるようになりました。ちなみにテレワークとは、在宅勤務など、出社せずに仕事をすること。フレックスタイム制とは、労働者が日々の労働時間の長さ、始業及び終業の時刻を決定することができる制度のことです。

これからさらに加速していくでしょう。

働き方そのものが変わっていくでしょう。

ワークシフトです。

特に、会社等の組織に属して働くという働き方から、個人として働くというようになっていくはずです。

2015年に913万人だった日本のフリーランス人口は、2020年には

１０３４万人に増加。６年で約10％伸びています。これは労働力人口の約17％にあたります。

アメリカのフリーランス人口は５７３０万人、労働力人口の35％にあたり、さらに増加すると予測されています。

とすれば、日本のフリーランス人口、その割合もさらに増えていくでしょう。

これは「会社に入らなくてもいい」ということを意味すると同時に、「会社に入りたくても入れない」という側面もあります。

これは、重大な変化です。

これまでは、いい高校、いい大学に行って、いい会社に入って仕事をしておけば給料がもらえたわけですが、これからは自分で仕事を作らなければならなくなるということです。

さらに言えば、いくら頭が良くても、成績が良くても、「アイツになんか仕事は頼まない」という人であれば、仕事にならないということです。

人間性を含め、個人の総合的な力が問われるということです。

そしてワークシフトが進めば、クラウドソーシング、ワークシェア等ももっと進んでいくでしょう。クラウドソーシングとは、不特定多数の人への業務を委託すること、ワークシェアとは、勤労者同士で雇用を分け合うことです。

②副業・兼業

副業・兼業も進んでいくでしょう。

今はまだ、「公務員やサラリーマンは副業・兼業が禁止されている」と思い込んでいる人がたくさんいます。

しかし、実際には、株式会社マイナビの『働き方、副業・兼業に関するレポート（２０２０年）』によれば、「副業・兼業」を認めている企業は約5割にのぼります。リクルート系各社、ヤフー、ＬＩＮＥ、サイボウズ、ＮＴＴデータ、サイバーエージェント、メルカリ等々、日本を牽引する企業は副業を推奨しています。その理由として、「社員のスキルアップにつながる」「社員のモチベーションを維持できる」「社員の人脈拡大につながる」など。

厚生労働省の「モデル就業規則」から副業禁止規定が削除されるなど、政府も副業を容認していますし、経団連も副業・兼業を推進する姿勢に転じました。

実は、現在でも、会社が就業規則等で、社員の副業を全面的に禁止することは、法律上許されません。社員は、会社との雇用契約によって定められた勤務時間にのみ労務に服するのが原則です。

副業禁止が有効になるのは「疲労等により本業に影響が出るほどの長時間の副業」「本業と副業が競業関係になる場合」「副業の内容が会社の信用を失墜させるような場合」等です。

公務員は、国家公務員法第１０３条、地方公務員法第38条で、原則として副業が禁止されています。

では、銀行にお金を預け、その利子を得ることが禁止されているかと言えば、そんなことはありません。株式を取得し、その配当を得ることが禁止されているかと言えば、そんなことはありません。では、不動産収入はどうでしょう。本の印税はどうでしょう。

自分の可能性を、自ら可能性を捨てないことです。

さらに現在は、インターネットの様々なサービスが生まれ、お金を稼ぐのにも、いろんな可能性が生まれました。

YouTubeの広告収入、ブログでのアフィリエイト（商品の紹介）、動画配信での投げ銭、フォトストック・サービスでの写真販売、等々。

いずれにせよ、副業・兼業社会に対応するには、いろんなことができることが必要です。

③日本型雇用は終わってる

日本型雇用（日本的雇用）とは、「終身雇用」「年功序列」「企業別労働組合」に加え「新卒一括採用」です。

なぜ、こうした日本型雇用が生まれたのでしょう？

戦後復興や、高度経済成長期に、企業は安定的に優秀な労働力を確保する必要がありました。

しかし、日本は労働力が限られているので、供給が少なく、需要が多いと、人件費が高騰します。そうすると経営を圧迫します。また、せっかく育てた人材が、転職してしまえばコストがかかります。

そこで「定年までわが社で働きましょう。今は、給料は安いけど、だんだん上がっていきますよ。転職すると損ですよ」という制度が形成されました。人件費を抑えつつ、安定的に優秀な労働力を確保するためのシステムでした。

しかし、終身雇用慣行を重視する企業の割合は、著しく低下しています。全企業の53%、大企業の83%多くの企業が、成果主義を導入しています。経団連は2021年春採用から「就活ルール」廃止を決定しています。日本型雇用は崩壊したと言えます。

13 ＡＩを越えるために

ＡＩ社会が本当にやってきました。

Google のサービスは、膨大な様々なデータを基に、ＡＩがフル活用されています。

みなさんの身近な例では、塾にＡＩが導入され、膨大な学習データを基に、その生徒に応じた専用カリキュラムが作成されるというサービスがあります。

２００１年当時、私は、27歳でした。スティーヴン・スピルバーグ監督が『ＡＩ』という映画を制作しました。当時は、スマホもなかったので、「ＡＩなんて本当にできるのかな～？」なんて思っていましたが、本当にできました。

身近なテクノロジーの歴史を少し振り返ってみましょう。日本初のスマホ「iPhone 3G」が発売されたのは２００８年。「Facebook」、「Twitter」が日本でサービスを開始したのも２００８年。「ＬＩＮＥ」のサービス開始が２０１２年。

約10年間の間に、中高生があたりまえのようにスマホを持ち、ＳＮＳが生活に必要不可欠となりました。初代 iPhone と最新機種では、性能に１０００倍の差があると言われています。

その他、ドローン、VR、クラウドファンディング、電子マネー、仮想通貨、宇宙開発、自動運転、電気自動車、等々、テクノロジーの発達は挙げれば限りありません。

テクノロジーは指数関数的に進歩していきます。例えば「ムーアの法則」とは、半導体の集積率が18ヶ月で2倍になるという経験則です。

日本で最も優れたスーパーコンピューター「富岳」。この計算速度は、その名の通り1秒間に44京回。日本人1億2000万人が電卓を持ち寄り、1秒間に1回、24時間不眠不休で計算し続けたとして110年かかる計算を、「富岳」は、1秒で完了できます。

計算速度で人間がコンピューターにかなうはずがありません。

アルファ碁（AlphaGo）は、Google DeepMind によって開発されたコンピューター囲碁プログラムです。つい最近まで、「AIは碁で人間棋士に勝てない」、そして「ブレイクスルーには10年を待たねばならない」と言われていました。

なぜかというと、囲碁の打ち方は何通りあるかというと、約10の360乗通り。単純に考えると、スーパーコンピューター「京」で10の360乗回の計算を行うために必要な時間は10の344乗秒≒10の336乗年。

参考までに、宇宙の始まりから終わりまでに要する時間は約10の100乗年と言われています。ですから、囲碁を完全に解明することは物理的に不可能。コンピューターの計算速度だけで、人間に勝てるほど、囲碁というゲームは単純ではないということです。

しかし、AIは囲碁で人間に勝ちました。

2016年3月15日、アルファ碁は、イ・セドル氏との五番勝負で4勝1敗としました。Google DeepMind社は、世界トップ棋士に勝利したことを機にアルファ碁は引退すると発表しました。

それ以降も、さらにテクノロジーは進化しています。

最近では、ChatGPTをはじめ、生成AIの進化はすさまじく、シンギュラリティを迎えたと言われています。

「AIが人間の仕事を奪う」。

オックスフォード大学のマイケル・A・オズボーン教授が『雇用の未来』という論文を発表し、世界に衝撃を与えました。

識者によって、意見は様々です。

特化型の弱いＡＩは著しく発達しているけど、汎用型ＡＩの強いＡＩはなかなか開発されないとか、同じ意味で、ＡＩが人類の知能を超える転換点「シンギュラリティ」はやってこないという識者もいます。

ＡＩが人間の仕事を奪うことについて、悲観視する識者もいれば、楽観視する識者もいます。

ＡＩが奪う仕事以上に、新しく仕事が生まれるという識者もいます。

しかし、ＡＩが人間の仕事を奪っているのは事実です。前述のように２０１７年、メガバンク各行は昨年、大規模なリストラ計画を発表。

米国ゴールドマンサックスは２０００年のピーク時には６００人いたトレーダーが17年には2人まで減少しています。

スーパー等ではセルフレジ、無人レジが広がっています。飲食店の注文はタッチパネル、ロボットが受付をしているホテルもあります。自動運転の無人の重機が建設をしているダムもあります。

そして、重要なのは、管理職、事務職、営業職、公務員等、大学卒のホワイトカラー仕事が、最もＡＩに取って代わられやすいということです。

現在、士業として位置づけられている仕事もそう。

医師という仕事も、役割が変わってくる可能性があります。ＩＢＭの「ワトソン」に、がん研究に関連する約２千万件の論文を学習させたところ、診断が難しい60代の女性患者の白血病を10分ほどで見抜いて、東京大医科学研究所に適切な治療法を助言、女性の回復に貢献しました。

また、今の医者が高収入なのは、日本の現在の医療保険制度を前提にしているからであり、人口減少や少子超高齢社会により、その制度が崩壊したり、予防医学がすすみ、病気にならなくなったら、今のように稼げなくなるかもしれません。

今の花形職業は、10年後はそうでなくなるかもしれません。

今の常識は、10年後はそうでなくなるかもしれません。

14 失敗しない人材はもう古い

これまで述べたように、これまでの社会は、人口が増加する「成長社会」でした。人口が増えると、消費者が増えます。消費者が増えると消費量が増えます。消費量が増えると生産量が増えます。この国内での生産額の総和が、経済成長の指標であるＧＤＰ（国内総生産）です。つまり人口が増えると、自然と経済成長します。

企業は、普通にしていても、生産量が増え、売上が上がるということです。業績が伸びるということです。

普通にしていれば業績が伸びる社会。

そこで求められる人材は、「失敗しない」人材です。

失敗しないということは、ある意味、全教科平均点以上とれるということです。そのためには「嫌い」でもコツコツやり、「苦手」を克服していく必要があります。

協調性があり、和を乱さず、空気を読み、常識があり、ルールを守り、言われたことをちゃんとやることができる人材です。

これまでの学校教育は、そうした訓練の場だったのかもしれません。

その失敗しない人材を選抜するプロセスが、高校受験、大学受験であり、それを評価するのが学歴でした。学歴が高いということは、前述のような力が高いということでした。

企業側からすれば、終身雇用制度に則り、定年までその人に給料を払おうとすると、大変なお金がかかります。大学卒業後、一つの企業で、フルタイム正社員を続けた場合、60歳までの生涯賃金は、男性で2・89億円（２０１７年）。企業にとってはそれだけコストがかかるのです。

加えて新卒一括採用なので（就活ルールがあるので）、他の企業と、優秀な人材を奪い合わなければなりません。じっくりと人選する余裕はありません。

だから企業は、わかりやすい「学歴が高い」という人材を求めたのでしょう。「一流企業」「いい会社」「安定した会社」に入ろうと思えば、学歴が必要になり、こうした学歴社会や偏差値教育がすすむ中で、教育にお金がかかるようになりました。

教育費が高くても、公的な支援があれば問題ないのですが、ＧＤＰに占める教育機関への公的支出の割合は、ＯＥＣＤの中で日本は最下位です。

だから前述のように、奨学金という名の借金が生まれ、学生貧困が生じます。親も大変です。子どもを大学に行かせるために、ワークライフバランスが崩れ、夫婦問題が生じたりします。不満だらけの会社を辞めれず、鬱や過労死等の問題が生まれます。

高学歴を勝ち取ったとしても、「高学歴ワーキングプア」に陥ったり、一流企業に就職できても、すでにそこは安泰の世界ではないかもしれません。例えば、シャープは一流企業で、有名大学卒しか入社できないような企業でした。しかし、シャープは、経営の失敗から、現在、台湾に本拠を置く鴻海精密工業の傘下にはいっています。

「ブラック」という問題もあります。高学歴卒、一流企業就職という点では、大手広告代理店で、東大卒の女性の自殺問題が起きました。キャリア官僚が自殺するというケースもあります。

一流企業に入れば、キャリア官僚になれば、一生安定、一生幸せというライフコースは過去のものになったようです。

それでも、日本で大学新卒（男子）に人気のある上位の企業は、1位が伊藤忠商事、2位が日本生命保険、3位が三菱商事、4位が大和証券グループ、5位が東日本旅客鉄道（ＪＲ東日本）。いわゆる「大企業」です。日本の大学新卒は「安定・高給料・好待遇」を求めています。

一方、アクセンチュアの調査によると、２０１５年に卒業したアメリカの学生で、「大企業で働きたい」と答えたのはたった15％でした。「インターネットトレンドレポート２０１５」によると、アメリカの若者が、最も仕事上重要なものと答えたのは「有意義な仕事」「達成感」と答えています。

文化や価値観、社会システムの差は当然あります。

しかし、親としてこれからの社会の変化を見据えつつ、子どもにどんな生き方をしてほしいか、どんな働き方をしてほしいかを改めて考えなければならない時代になりました。

15 失敗できる力が必要になる

これからの社会に必要な人材とは、どんな人材なのでしょう。

一つは「失敗できる力」だと思います。

「失敗しない力」ではありません。「失敗できる力」です。

前述のように、成長社会においては、「失敗しない力」が重視されてきました。企業は、失敗さえしなければ業績が伸びるので、失敗しない人材を求めてきたのです。

しかし、人口が減少し、モノやサービスが溢れている成熟社会では、今までどおりやっていたら右肩下がりです。新しい何かを創り出さなければなりません。そのためには挑戦しなければなりません。挑戦には失敗がつきものです。だから失敗できる力が必要なのです。

失敗しないようにしようと思えば、前述のように、全教科平均点以上とれ、そのために「嫌い」でもコツコツできることが必要です。失敗しないように、正解探しにしっかりと時間をかける。協調性があり、常識があり、ルールを守り、言われたことをちゃんとやる力が必要です。

しかし、「失敗できる」のは、苦手な教科があっても、一教科は常に100点。そのために「好きなこと」ならずっとやる。失敗する可能性があってもとりあえずやってみる。個人の意見や考えをもち、常識やルールにとらわれず、言われなくてもやってしまうような力が必要です。

もしかしたら、後者は、これまでは「変わり者」とか「KY（空気が読めない）」とか言われたり、場合によっては、発達障害という診断を受けていたかもしれません。

しかし、これからの社会は、こうした力が必要になるでしょう。

Appleのスティーブ・ジョブズさん、マイクロソフトのビル・ゲイツさん、Uberのトラヴィス・カラニックさん、楽天の三木谷浩史さんなどの有名企業家、有名経営者も発達障害だったのではないかと言われていたり、公言している人もいます。

もしそういうことに関心のある人、不安や悩みがある人は、堀江貴文さんの『多動力』、成毛眞さんの『発達障害は最強の武器である』等を読むと元気が出ます。

いずれにせよ失敗できる力は重要です。

そしてそれは、小さい頃から身につけさせておいたほうがいいでしょう。

16 正解なんてもうない

画一性が求められる成長社会においては、一つの答え、正解がありました。前述のように、自家用車でも「1100ccのセダン型の白のカローラ」という具合です。そして、その正解をいかに正確に導き出すかが重要でした。正解を求めるため、考えたり、調査したり、分析したり、実験したりという努力が求められていました。

多様化、複雑化した成熟社会においては、一つの正解はありません。

例えば、成長社会においては、「富士山を安全に登る方法」を考えるようなもの。富士山という共通の価値観があり、そこに登頂するにはルートはいくつかあれど、最も安全に登るルートは存在します。それを正確に探し出せばよかったのです。

成熟社会においては、「どの山をどう登れば、楽しく安全に登れますか?」の答えを考えるようなもの。「富士山をこう登れば楽しく安全」だけでなく、近くにある小さな山だって、植物観察をしたり、大好きな人と手をつないだりと、登り方を工夫すればとっても楽しい登山になります。

正解はありません。「それ楽しそう」「それ、いいんじゃない」とみんなに納得してもらえる納得解をいかに創り出すかが重要になります。

では、いかに納得解を創りだすか、です。

ちなみに納得解とは「正解のない課題での解決案。納得できる『解』」のことで、文部科学省も「対話や協働を通じて知識やアイデアを共有し新しい解や納得解を生み出す力などが必要」と発表しています。

みんなに納得してもらおうと思えば、まず、みんなにアイデアやプロトタイプ（試作品）を提案する必要があります。頭の中で考えているだけでは、永遠に、みんなの納得は得られません。

みんなにアイデアやプロトタイプを提案すれば、必ずリアクション（反応）が得られます。「もっとここはこうしたほうがいい」というようなリアクションです。

それを修正し、再提案します。

それを繰り返し続けていけば納得解にたどり着くはずです。

17 情報収集力より情報編集力

成長社会から成熟社会への転換期と時を同じくして、PC、インターネット、スマートフォンといった情報技術の革新が急速に進みました。これは20世紀後半からのコンピュータ制御を活用した第三次産業革命と呼ばれています。

ちなみに、第一次産業革命とは、18〜19世紀に英国で起きた蒸気機関の発明によるもの。第二次産業革命は、19〜20世紀、石油と電力を活用し、大量生産を可能としたもの。

これにより、「知識」や「情報」の扱い方がすっかりと変わってしまいました。

情報はないよりあったほうがいいです。

情報は持ってないより、持っているほうが強いです。仕事でも受験でも、何でも情報を持っているほうが有利です。だから人は、お金を出してでも情報を得ようとします。

そして以前は、人によって、情報を収集できるかどうか、情報を持っているかどうかは大きな差がありました。例えば、大学教員は、膨大な蔵書量を誇る大学図書館を自由に使えるので、普通の人よりは情報収集力は高い立場であったといえます。

そして、それをいつでも使えるように、情報を記録、記憶する力が必要でした。

だから、情報を収集できる人、情報を持っている人、情報を記憶している人が重宝されました。

しかし、現在は、誰でも、スマホを持っています。スマホの向こう側には、無限の情報があります。そして、それは誰でも自由にアクセスできます。大学教員でも、中高生でも条件は同じです。

つまり、情報収集力は必要なくなってしまいました。

記憶力も必要なくなってしまいました。例えば、「大化の改新」と検索すれば、高校の歴史の先生が記憶しているよりも、はるかに多くの情報を、一瞬で目の前に提示してくれます。

それは1週間後でも、1年後でも同じように提示してくれるわけですから、それを記憶する必要もありません。

情報収集力、記憶力の代わりに必要になるのが情報編集力です。

無限にある情報を組み合わせて、いかに新しい価値を創造していくか、すなわち情報編集力が必要になったのです。

18 ジグソーパズルからレゴブロックへ

　このような成長社会と成熟社会、それぞれの社会に求められる力を、藤原和博先生は、成長社会がジグソーパズルで、成熟社会がレゴブロックと例えています。

　例えば、ジグソーパズルを作っていて、一つのピースの部分が空いているとします。そこに当てはまるのは、一つのピースしかありません。他のピースは絶対に当てはまりません。その正解のピースを、いかに正確に、いかに早く探し出すかなのです。その力が求められます。

　そして、いち早く完成させたとしても、出来上がる完成図は、皆同じ、「富士山の絵」だったりします。

　これが成長社会です。

　成熟社会はレゴブロックです。誰の目の前にも、等しく、無限のブロックが提示されています。手を伸ばし、それを手に入れるのは自由。そしてそのブロックは、どこに何を繋げれば正解、なんてありません。何でも自由に作ってＯＫです。

ただし目標は、みんなが「すごい！」って言ってくれること。

その場合、「何作ろう？」と、ずーっと考えていても、何も生まれません。どのブロックが価値があるか、なんて選んでいても、何も生まれません。

とりあえず、手を伸ばし、ブロックを手に入れ、何か作ってみる。何かできたら、みんなに見てもらう。そうしたら「車輪があったほうがいい」とか「色は青で統一すべき」とか、いろんなリアクションがもらえるでしょう。

そのリアクションをうけて、修正すべく、また手を動かす。

それを繰り返していけば、いつの日か、誰も作ったことがないようなレゴブロックの作品が出来上がり、いつの日か、みんなが「すげー」って言ってくれるでしょう。

これが成熟社会において、納得解を得るということです。

納得解を得るためには行動と修正なのです。

19 どんな仕事が生き残るのか

前述のように、「ＡＩが人間の仕事を奪う」と言われています。

では、どのような仕事がなくなり、減り、どのような仕事が生まれ、伸びるのでしょう。詳しくは、『10年後の仕事図鑑』（堀江貴文・落合陽一）等を参照ください。そこには、「機械が行ったほうがコストが安いのであれば機械に任せればいい」「不当に給料が高い仕事は機械に代替されるし、逆に低コストな仕事も代えられてしまう」と書かれています。

私は、ＡＩに奪われない仕事は、①人間にしかできない仕事、②人間にやってほしい仕事、③人間がやったほうが感動する仕事、だと考えています。

学校の先生という仕事はどうでしょう。

これは、①②かもしれません。

しかし、最近のタブレット学習で明らかになっている通り、ＡＩであれば、その子に応じた専用カリキュラムが作成されます。学習ステップを細かく分解してナノステップ化し、生徒の理解度に合わせて出題できるのです。

これを、人間である先生が一斉授業でやろうとしたり、プリントで宿題を出してやろうと思えば不可能です。

つまり、生徒に知識、技能を身につけさせようと思えば、ＡＩのほうが効率的、効果的だということです。

ただし、ＡＩが生徒のやる気を出させたり、相談にのってくれたり、悩みを聞いてくれるわけではありません。

だから、将来は、個別の知識、技能の習得はＡＩが担い、グループ学習・問題解決学習の指導や、道徳などの人間性教育、コーチングやカウンセリングの役割を、人間である先生が担うのではないかと言われています。中学、高校でその傾向が強くなると考えられています。

20 「人間にしかできない仕事って？」

①人間にしかできない仕事

人間にしかできない仕事とはどんな仕事でしょう。

例えば「大工」という仕事。

前述の『雇用の未来』（マイケル・A・オズボーン）によれば、なくなる確率は大工で72％、大工助手で92％でした。確かに3Dプリンターをつかって、簡単に家のような居住空間を作成できるようになるかもしれません。

『削ろう会 全国大会』というイベントがあります。『削ろう会』とは、鉋削りをはじめ、手道具や伝統技術の可能性を追求する会。大工をはじめとする木造・木工関係の職人等が入会しています。

その技術を競うのが『削ろう会 全国大会』。規定時間内に、どれだけ鉋屑を薄くするか競います。薄く削る鉋の技術を身につけるだけではダメで、当日の気温や湿度を見極め、砥石を選び、刃を研ぎ、台の調整をするところから始めます。その厚みわずか数ミクロン（1000分の1ミリ）に達し、向こう側が透け、まるで絹のような光沢があるそうです。

これは絶対に、AIやロボットではできない技術です。

そして、「そんな大工さんや、職人さんに家を建ててほしい、家具を作ってほしい」というニーズはなくならないはずです。

3Dプリンターで安く居住空間を作成できるようになったとしても、「多少のお金を出しても大工さんに家を建ててほしい」という需要があれば、その仕事はなくなりません。供給が少なければ、市場価格が上がり、儲けることができます。大工や職人のなり手が生まれます。

②人間にやってほしい仕事

人間にやってほしい仕事とはどんな仕事でしょう。

映画『スター・ウォーズ エピソード9』では、双子（ルーク、レイア）を助産師ロボットが取り上げました。将来、そんな技術も実現するかもしれません。

しかし、女性であれば、多くの方が「多少のお金を出しても、自分の赤ちゃんは人間の助産師さんに取り上げてほしい」と思うのではないでしょうか。

これが人間にやってほしい仕事です。

寿司店もわかりやすい例でしょう。

今は、一皿100円で回転寿司を食べることができます。なぜ、そんな価格で寿司を提供することが可能かと言うと、シャリをにぎるのはロボット。人間は、それに加工済みのネタをのせるだけというシステムをとっています。寿司店でありながら寿司職人がいらないのです。注文はタッチパネルで行い、運ばれてくるのはレーン。これによってフロアーの人件費を削減すると同時に、廃棄ロスを少なくして、コストを節約するという効果もあります。

では、「安いほうがいいから」とみんながそれを選択し、銀座の高級寿司店が潰れてしまうかと言えば、そんなこともありません。しかし、その高級寿司店のバックヤードでロボットがシャリを握っていたり、寿司がレーンで運ばれてきたらお客さんは怒ってしまうでしょう。人間に握ってほしい、人間に接客してほしい、そのためには多少のお金を払うという需要は存在します。

これが人間にやってほしい仕事です。

③人間がやったほうが感動する仕事

人間がやったほうが感動する仕事の最たるものが、スポーツや芸術等でしょう。

例えば、将棋の藤井聡太さんは、14歳のときにプロデビューし、史上単独1位となる29連勝を達成しました。連日、マスコミに大々的に取り上げられ、ブームが巻き起こりました。

しかし、前述のように、将棋は、すでにＡＩのほうが強いです。では、そのＡＩと、別プログラムのＡＩが戦って、今のように、人が感動したり、熱狂したりするかどうか。

たぶん、しません。

同じように、いくらミスなく上手に弾けても、自動演奏のピアノのコンサートに、数千円、数万円のチケット代を支払う気にならないでしょう。

例えば、自動運転が確立されれば「タクシードライバー」という職業はなくなるでしょうが、「レーシング・ドライバー」は残るでしょう。Ｆ１のモナコ・グランプリは、世界中から観客が集まりますが、もし、自動運転のレースならそんなことにはならないでしょう。

人間がやっているからこそ感動が生まれ、付加価値が生まれるのです。

スポーツもまさにそうで、サッカーはボールを蹴ってるだけ、テニスはボールを打ってるだけ、ゴルフはボールを穴に入れているだけです。だけど、そんな単純なことでも、それを突き詰めた結果、人を感動させ、熱狂させるほどの領域に達します。

④多様性の社会、そして

このように考えていけば、これからの社会において「とりあえずいい大学に行っておけば、幸せな人生を送ることができる」という考えにはならないはずです。

微分積分が解けて、年号や歴史上の人物覚えて、いい成績をとって、いい大学に行っても、上述のような力は身につかないでしょう。

「とりあえず大企業に入れば、幸せな人生を送ることができる」という考えにはならないはずです。

大企業に入っても、その企業が5年後、10年後にどれだけ生き残れるのかのほうが疑問で、むしろスペシャルな技術のある中小企業のほうが生き残っているかもしれません。

マイナビの日本の大学生の就職企業人気ランキングでは、上位100社は大手・有名企業がズラリと並んでいます。

一方、アクセンチュアの調査によると、アメリカの若者は、大企業で働きたいという回答が14％で、それに対し中小企業で働きたいという回答が44％でした。アメリカでは、起業やスタートアップ企業を選択する若者が増え続けています。

会社は「入るより、創るほうが楽しい」。

そこで改めて問われるのが、どんな力を身につけていくかです。

成熟社会ではイノベーションを生み出す力が求められます。その土台となる「特別性」「個性」が求められます。「失敗する力、挑戦する力」です。「没頭する力」「好きだから続けられる力」です。

「ちょっと変わってて……」

「こだわりが強くて……」

全然、ＯＫです。これからの成熟社会を担う人材です。

企業経営にも政治にも多様性、ダイバーシティが求められています。

多様な声を聞き、多様な価値観を理解し、多様性のある人材を活用し、いかにしなやかに意思決定をし、いかにスピーディーに変化の激しい社会に対応していくか、そんなリーダーが必要とされています。

これからの社会は、個性・特別性の多様性が新たな付加価値を生み出す社会です。

そして最後に。

ワークシフトの項で述べたように、会社等の組織に属して働くという働き方から、個人として働くというようになっていくでしょう。

組織に属して働くとは、「替えがきく」ということです。

個人として働く上で必要になるのは、「替えがきかない」「あなたにしかできない」という力。そして、「あなたにやってほしい」という力です。

それは、信頼される力です。

おわりに

ママはタイヘンです。生まれてはじめて結婚し、夫婦になって赤の他人と暮らし、親になります。

特に、現在、家事、育児をメインで担っている日本のママはタイヘンです。

そして、子育てに悩みはつきものです。子育ては人生初のことばかり。子育てしていると、予期せぬ問題が起こります。

予期せぬ問題が起きると、不安になったり、パニックになったり、自分は間違っているんじゃないかと思ったり、子どもに感情的に怒ったり、子どもにあたったり、そうしてまた、自己嫌悪したり。

こうして多くのママたちが子育てに悩んでいます。

でも、あらかじめ、子育てにおいて「こういうこともあるかもしれない」「こうなったらこうしよう」

と、考えておくといいのかもしれません。「他の親ならどうするだろう」と、いろんな考え方があると知っておくといいのかもしれません。

すると、万一にことが起きても「想定の範囲内です」と余裕をもって、対応することができるかもしれません。

そこで、こんなワークを考えました。このワークでは、子育てにおいて、起こりうる可能性のある、様々な問題に対して「自分ならどうする」を考え、「他の参加者の自分ならどうする」を聞き、自らの子育てにおける価値観、思考、行動の幅、深さを広げることを目的にしています。

当初は、リアルな対面でのワークショップでの活用を想定していましたが、このコロナ禍で、それは不可能になりました。

しかし、オンラインやインターネットアンケートを活用して実施してみたところ、参加者のママから、「面白かった」「考えたことがなかった」「他のママの意見が参考になった」と非常にポジティブな評価をいただきました。

そこで、『子育ての「困った」。あなたならどうしますか?』の質問を公開します。

Q．中2の息子。学校で叱られ、大量の反省文を書かされるという罰が与えられています。息子は適当に反省文を書いています。私としてもそこまで大量の反省文を書く意味もわかりません。どうしますか？

Q．小6の娘がTikTokにはまり、どこでも動画を撮ってネットにアップしてしまいます。どうしますか？

Q．中3の息子。十分、進学校に合格できる学力はあります。しかし、「〇〇になりたいから、時間がもったいない」と、高校には行かないと言っています。どうしますか？

Q．6歳の息子。ずっと1人で本を読んでいます。親としては、もっと友達と遊んだり、身体を使って遊んで欲しいのだけれど……。どうしますか？

Q．小2の娘から、「Aちゃんが、お友達から仲間はずれにされている」という話を聞きました。そのお友達のママは、全員、ママ友。どうしますか？

Q．近所に住む義理の母が、3歳の息子に、私が知らない間に甘いお菓子を買い、食べさせます。私は、あまり食べさせたくはありません。どうしますか？

Q．中3の息子。親の財布からお金を抜いて、ゲームを買っていることが発覚しました。どうしますか？

Q. 中1の息子。ゲームとYouTubeばかりやっています。やりたいことも好きなこともないみたいです。どうしますか？

Q. 高2の娘が妊娠。相手は同じ高校の3年生。娘は産んで育てたいと言います。どうしますか？

Q. 小2の娘が、お友達2人から、何か文句を言われている場面を目撃しました。どうしますか？

Q. 小2の息子が「ゲームが欲しい」と言っています。「みんな持っていて、自分だけもっていなくていじめられる」と言います。どうしますか？

Q. 「部活の友達が部室の窓ガラスを割って、それをみんなで隠蔽して帰ってきた」と、帰宅した中2の息子が告白しました。どうしますか？

Q. 小4の息子。お小遣いをゲームの課金に使いたいと言ってきました。どうしますか？

Q. 警察から電話があり、小6の息子が万引きしたとのこと。どうしますか？

Q. 小1の息子。小学校のお友達の影響か、乱暴な言葉を使い始めました。どうしますか？

Q. 小4の娘が「学校に行きたくない」と言いだしました。どうしますか？

Q. 小3の息子。毎朝、「お腹が痛い」と、登校をしぶり始めました。学校を休むとずっとゲームをして過ごしています。どうしますか？

Q. 弁護士を目指し、法学部に入った大学2年生の息子。同級生の彼女が妊娠し、息子は大学をやめて働き、彼女と結婚すると言っています。どうしますか？

Q. 5歳の息子。ピンクが好きで、ランドセルもピンクがいいと言ってきました。どうしますか？

Q. 中2の娘がネットいじめの首謀者でした。どうしますか？

Q. 小5の息子。「忘れ物が多い」と、私が学校に呼び出されました。どうしますか？

Q. 高校2年生の娘が学校を辞めたいと言い出しました。理由は言いませんが、学校に行かなくなりました。どうしますか？

Q. 小5の娘。肥満体ではないのにアイドルになりたいと食事制限ダイエットを始めました。どうしますか？

Q. 食事中、私はテレビは消すほうが、子どもの教育にはいいと考えていますが、夫がテレビをつけます。「疲れて帰ってきてるのだから、テレビくらいゆっくり見させろ」と言います。どうしますか？

Q. PTAの役員を依頼されました。小さな子どもがいるので引き受けられそうにありません。しかし、周りの家庭も、夫婦ともにフルタイムで働いていたり、シングルだったり引き受けられないと言います。どうしますか？

Q. 5歳の息子。同じ年齢の子は静かに座っている場でも、常に動き回って騒いでいます。どうしますか？

Q. 小1の息子のお友達。その子が遊びに来たら、消しゴムや鉛筆など、必ず物がなくなります。どうしますか？

Q. 小3の娘のクラス。学級崩壊していて、授業中もうるさく、子どもたち同士のトラブルが絶えません。注意をすると、ひどい仕返しをされます。どうしますか？

Q. 小1の娘。自分の意志ではじめたピアノを3ヶ月でやめたいと言い出しました。どうしますか？

Q. 将来、医者になりたいと、高2の息子が勉強に励んでいます。しかし、今のままでは、「国公立大学」の医学部に入れそうにはありません。「私立大学」の医学部には入れそうですが、調べてみると、ある私学の6年間の学費総額は3700万円だそうです。どうしますか?

起きなければそれでいいのだけれど、起きてほしくないこういう問題が起きてしまうのも事実です。でも、起きてしまっても、想定の範囲内なら、冷静にストレスなく適切な対応ができるはずです。

「そんなこともあろうかと!」と言って、ドーンとニコニコしておく。ママが笑顔なら、子どもは絶対に笑顔です。

この本は、私が主宰する大人塾やママ塾、mamalink 塾等の受講生との対話の中から生まれました。私がこれまで出会ってきた多くの大学生、小学生、中学生、高校生との対話の中から生まれました。

この本の中には、SNS等で、みなさんが「いいね!」を押してくれた記事や相談内容も盛り込んでいます。

みなさんが、いろんな質問、相談してくれたから、学び、考え、思考を深めることができました。みなさんのためにも「行動しよう」「本にまとめよう」と思うことができました。本当にありがとうございます。

たくさんのたくさんの仲間たち。私にステキな出会いと人生を与えてくれて、本当にありがとうございます。すべてはみなさんとの出会いがあったからこそです。

編集を担当していただいた前田司さんに心から感謝します。梓書院のみなさま、デザイナーの川上夏子さんに感謝します。

命と人生をくれた亡き父、そして母に感謝します。

そして、大きな学びと経験を与えてくれている、大切な大切な子どもたち、音稲、虎史朗に感謝します。

【参考文献】

・落合陽一『0才から100才まで学び続けなくてはならない時代を生きる 学ぶ人と育てる人のための教科書』小学館

・落合陽一『超AI時代の生存戦略 シンギュラリティ〈2040年代〉に備える34のリスト』大和書房

・加藤崇『未来を切り拓くための5ステップ』新潮社

・佐藤剛史『大学で大人気の先生が語る〈恋愛〉と〈結婚〉の人間学』岩波ジュニア新書

・佐藤剛史『大学で大人気の先生が語る〈失敗〉〈挑戦〉〈成長〉の自立学』岩波ジュニア新書

・中島聡『なぜ、あなたの仕事は終わらないのか スピードは最強の武器である』文響社

・成毛眞『2040年の未来予測』日経BP

・成毛眞『アフターコロナの生存戦略 不安定な情勢でも自由に遊び存分に稼ぐための新コンセプト』角川書店

・成毛眞『AI時代の人生戦略「STEAM」が最強の武器である』SB新書

・成毛眞『発達障害は最強の武器である』SB新書

・橋下徹・堀江貴文『生き方革命 未知なる新時代の攻略法』徳間書店

・長谷川敦弥・野口晃菜(監修)『発達障害の子どもたち、「みんなと同じ」にならなくていい』SB新書

・ひろゆき(西村博之)『叩かれるから今まで黙っておいた「世の中の真実」』三笠書房
・ひろゆき(西村博之)『僕が親ならこう育てるね』扶桑社
・藤原和博『藤原先生、これからの働き方について教えてください。100万人に1人の存在になる21世紀の働き方』ディスカヴァー21世紀の学校
・藤原和博『藤原和博の必ず食える1%の人になる方法』東洋経済新報社
・中台澄之『「想い」と「アイデア」で世界を変える ゴミを宝に変えるすごい仕組み 株式会社ナカダイの挑戦』SBクリエイティブ
・中村文昭『お金でなく、人のご縁ででっかく生きろ!』サンマーク出版
・中村文昭『何のために』サンマーク出版
・西野亮廣『革命のファンファーレ 現代のお金と広告』幻冬舎
・樋渡啓祐『反省しない』KADOKAWA/中経出版
・堀江貴文・落合陽一『10年後の仕事図鑑』SBクリエイティブ
・堀江貴文『多動力』幻冬舎 NewsPicks Book
・堀江貴文『99%の人が気づいていないお金の正体』宝島社
・前野隆司『幸せのメカニズム 実践・幸福学入門』講談社現代新書
・山口真由『天才とは努力を続けられる人のことであり、それには方法論がある』扶桑社新書
・ルース・ベネディクト『菊と刀 日本文化の型』平凡社

【著　者】

佐藤剛史（さとう・ごうし）

作家。食育研究家。糸島市行政区長。

1973 年、大分県生まれ。農学博士。福岡県糸島市在住。

年間の講演回数は 100 回を超える。

主宰する、社会人向け学びの場『大人塾』は福岡市、北九州市、熊本市、佐賀市、糸島市、長崎市、久留米市、八女市、大阪市で開講されこれまでにのべ 5600 人が受講。

主な著書に『ここ 食卓から始まる生教育』（西日本新聞社）、『いのちをいただく』（西日本新聞社）、『すごい弁当力！』（PHP）、『地頭のいい子を育てる食卓の力』（現代書林）など、いずれもベストセラー。

新聞掲載、テレビ・ラジオ出演も多数。

TNC『ももち浜ストア 夕方版』レギュラー・コメンテーター。

佐藤剛史
official WEB

笑顔《えがお》のママに　これからの社会《しゃかい》の子育《こそだ》て論《ろん》

令和 6 年 4 月 30 日発行

著　者　佐藤　剛史
発行者　田村　志朗
発行所　㈱ 梓 書 院
〒 812-0044 福岡市博多区千代 3-2-1 麻生ハウス 3F
tel 092-643-7075　fax 092-643-7095

印刷・製本 / モリモト印刷

ISBN978-4-87035-801-0　